春夏秋冬〈自然〉に生きる

塩沼亮潤

春秋社

はじめに

海外へ講演にまいりますと、とりわけ長期に滞在するばあいには、一般のご家庭にお世話になることもよくあります。じぶんで言うのは気恥ずかしいのですが、何日かそのご家庭ですごしておりますと、

「あなたはジェントルマンだ」

と、しばしばおっしゃっていただけます。

「どんなところでそう感じるのですか？」

ときいてみると、あいさつやマナーといった基本的なところがすばらしいというのです。修験道の極意や、きびしい修行ではない。仏教から学んだむずかしい学問でもない。幼いころ親から教わったこと、日常生活で師匠から教わったことを、リスペクトしていただけるのです。

世界にはたくさんの宗教があり、文化があります。世界中のひととひと、国と国、文化と文化をつなぐものが、幼いころ、われわれが親からしつけていただくマナーで

はないかと思います。

最近、海外の学校を訪問すると、日本のしつけよりきびしいことを実感します。日本からの留学生を受け入れている学校の先生から、「日本はもっとしつけをきびしくしてはいかがでしょうか」と言われたことさえありました。

そんなことから今回の本には、じぶんが子どものころのエピソードや、お寺に入ったばかりの小僧時代のエピソードをたくさん入れました。

時代が変われば、ものごとの考えかた、とらえかたが多少は変わります。昭和の時代といまとでは、ひとびとの生活や感覚も違っているのはたしかです。しかし不易《ふえき》流行《りゅうこう》ということばがあるように、変えていいものと変えてはいけないものがあるのです。この本を読むことで、とり入れるべきものはとり入れ、守るべきものは守り、むかしのよきものを忘れていたら思いだして、ひととひととをつなぐマナーをすこしでも美しく気持ちのよいものにする参考にしていただけるのであれば、さいわいです。

平成二十九年四月二十五日

塩沼亮潤

春夏秋冬〈自然〉に生きる

目次

春夏秋冬〈自然〉に生きる

睦月……むつき

……一月三日

笑顔という花

あけましておめでとうございます。本年もよき年でありますように、こころからお祈り申しあげます。

花を見て怒るひとがいないように、笑顔を見て怒るひとはおらず、笑う門《かど》には福《ふく》来たるというように、笑顔はひととひとをつなぐ潤滑油です。わたしが大自然のなかで修行していて、山のなかでふと一輪の花を見たときに、思わずこころがなごんで笑顔がこぼれたものでした。

ふつう大自然のなかに笑顔はありません。きびしい修行のさなか、へとへとになりながら山中を歩いてるときに、にこにこすることすらできません。たとえば熊《くま》や猪《いのしし》や蛇《へび》といった獣たちにも笑顔はありません。いや、もしかしたら動物は笑顔を表現できないのでしょうか。

しかし長いあいだ山で修行し、大自然のなかでいろんな木々や草を見てきたわたしには、花はもちろん笑うわけではないけれど、わたしたちの笑顔に共通するものがあると思われてしかたがないのです。

わたしたちには感情がありますから、いつも笑顔でいるのはたいへんです。疲れているときもあれば、いやな思いをしているときもあります。きらいなひとが目のまえにいることもあるでしょう。それでも笑顔でいるためには、ちょっとした修練が必要です。わたしたちお坊さんは、修行のなかでそれを学んでいくのです。

よく「修行の極意《ごくい》はなんですか」と訊《き》かれますが、修行とは、十年、二十年という長い時間をかけた毎日のつみかさねなので、ひとことで言うのはとてもむずかしいことです。でも、なぜ修行するかを考えると、まずは、おだやかなこころになることだとします。とはいえ、じぶんだけが気持ちよければいいわけではありません。

わたしたちは家族や会社の同僚など、いろんなひととかかわりあい、つながりあっています。ですので「忘己利他《もうこりた》」――じぶんを忘れて他を利する――ということばもあるように、なるべくひとに迷惑をかけず、みんなのために生きることを目標にしたい。そうすると、どんなときでもできるだけ笑顔でいたい。しかめっ面《つら》や、きげんの悪そうな顔をしていたら、まわりのひとが心配したり、不安になってしまいます。

そのためには、まずじぶんじしんを磨《みが》かなければなりません。じぶんがちゃんとしていなければ、ほかのひとに笑顔をむけたり、やさしいことばをかけてあげることはできないでしょう。じぶんじしんを磨くために大切なのは、まず自己を見つめることです。ひとの粗《あら》はよく見えます。しかし、じぶんの行動やことばが相手にどのように受けとめられるかは、なかなか思いがいたらないものです。

なかなか完璧《かんぺき》なひとはいませんし、だれしも日々の生活をくりかえすうちに、なにかしらの癖《くせ》がついていきます。つねにじぶんじしんを見つめて、もし悪い癖がついていたら、それを改善しなければなりません。しかし人間は、じぶんの悪いところを直視したくないものですし、悪いところをみとめたくないという自我は、だれにでもあるものです。

大自然のお山に入って修行するのは自己を見つめる訓練だといわれています。叱ってくれるひともいない。怒ってくれるひともいない。じぶんひとりがいるばかりなので、いやでもじぶんと対峙《たいじ》しなくてはなりません。しかも大自然は「無情説法《むじょうせっぽう》」といって、周囲の山が、水が、動物たちが、花が、木々が、ありのままに、そして法のごとくに存在している。それは大自然の声なのか、じつはじぶんじしんの奥底の声なのかわかりませんが、すべてがととのった大自然という完璧な真理のなかに、自我や欲や迷いのある人間がひとりいると、その無数の声の反響のなかで自己を見つめるうちに、しだいにこころが清まってくるという、なんともいえない感覚につつまれます。ふと道ばたの一輪の花を見ては、じぶんもまわりのひとにとって、こういう存在でなければならないということに気づくのです。

しかし大自然の聖なる山から帰ってくると、またいろんな感情を持ったひとたちとのコミュニケーションがはじまります。ものすごくこころがおだやかでないひともいれば、思いやりのないひともいる。さまざまな感情と表情の渦巻《うずま》くなかで、コミュニケーションをとらなくてはいけません。じぶんじしんの体調も気分もあり、人間関係のめぐりあわせもあるなかで、さまざまなものにかかわりあう。これが里の行です。

われわれが修行をさせていただく修行道場も、人格円満《じんかくえんまん》なひとの集まりならば、すべてがそれなりにまわるかもしれません。しかし、お坊さんになりたての修行僧が一緒に生活するのですから、角《かど》のある未熟な人間どうし、おたがいの自我がはげしくぶつかります。このぶつかりあいが修行ともいわれています。おたがいに敬意をはらいながらむきあうことで、性格の角がとれて、だんだん丸くなってくる。

よく年をとって「最近、あのひとは丸くなったな」と言いますが、人間関係で揉《も》まれながら年月をへることによって、人格がだんだんと丸くなり、丸くなれば、ふしぎなことに、人生が好転する流れにのって運ばれていくことになります。この好転して運ばれることを「運」というのだと思います。そうなれば、しぜんに笑顔が浮かびます。いつもにこにこしているので、「ほとけさんのようなひとだ」と呼ばれるかもしれません。

反対に自我があまりにつよいと、仲間はずれになったり、じぶんから孤立してしまったりして、よい縁にもめぐまれませんし、流れにも乗れません。角があると転がらない。好転しない。ですから人間関係のなかでたがいにぶつかりながら、天地神仏《てんちしんぶつ》がじぶんになにを望んでいるかを考え、じぶんを見つめて、悪いところや足りないところを反省していくことが大切だと思います。

そんなとき意識してほしいのは、やはり笑顔です。笑顔はひととひとをつなぐ潤滑油と申しましたが、笑顔がないと福も来ません。おたがいが情熱を持って真剣にぶつかりあうのはいいことですが、それが終わればみんな笑顔で、わだかまりなく、またひとつの方向へむかって進んでいけるのが理想です。笑顔のない社会はこころがすさんで住みにくい。笑顔のたえないのがいい家庭であり、いい会社であり、いい国家なのです。こころからのことばと笑顔で、みなさんの人生が好転しますように。

……一月十日

ご恩をかえす

わたくしたちは、だれでも毎日さまざまなひとのお世話になって生きています。オギャーと生まれてからは親の世話になり、学生時代は先生や友人たち、社会に出て「さあ、これでひとりだちだ」と思っても、実は、わたしたちの生活は、会社でも、買いものでも、電車やバスも、電気やガスも、いろんなひとのお世話にならなくては、なにひとつできません。まわりのひとのお世話になりつづけて、仕事をして、定年になって、生涯を閉じる。これがわたしたちの人生に共通なことで、人間は長い歴史のなかで、くりかえしくりかえしおなじことをやっているのです。ときにはひとに迷惑をかけ、迷惑をかけられて、たがいに磨きあって成長するという、ある種のシステムのようなものかもしれません。

そうであれば、いまのじぶんじしんの存在は、たくさんのひとびとにお世話になったおかげですから、「ありがとうございます」という感謝の気持ちをもち、じぶんがおとなになったときに、かつて受けた恩をできるだけおかえしして、一生を終えたいと願いたいものです。

しかし、いまふと考えます。それでは、わたしはお坊さんとして、みなさまになにをおかえしすることができるのだろうか。

お坊さんになったばかりのころは、右も左もわかりませんでした。いちばん基本的なお経の般若心経《はんにゃしんぎょう》さえわからない。行とはなにかもわからない。わからないづくしのなかで、歯を喰《く》いしばり、肩にちからを入れて、ただガムシャラに目の前の修行にあけくれておりました。そのうちいろいろなことに気づいてきます。お米ひと粒《つぶ》にも宇宙を感じ、一瞬一瞬の大切さが身に沁《し》みる。用を足すときも、食事をするとき、草をぬいているときも、この一瞬を永遠と感じなければなりません。ほんの一瞬の時間でさえも大切にできない人間が、じぶんの一生を大切にできるはずもないとわかってくる。そうか、それならば、お坊さんとしての修行のなかでわたしが得てきたこと、気づいたことをみなさまへお伝えさせていただくことが、ささやかとはいえ、ひとつのご恩がえしになるのではなかろうか。

もとよりわたしの行もまだ人生のなかばでありますから、そう大げさなことは言えないかもしれませんが、いまの時点からじぶんの人生をふりかえったとき、みずから体験したさまざまな失敗のなかで学んだ大きな教訓があります。それは、こころがおだやかで、いつも前むきな思考ができるようになったときに、はじめて人生はあらたな方向へ展開していくのだ、ということです。

困難にぶつかったとき、こころがみだれるのは当然です。たまに成功すれば、よろこびが湧《わ》きあがるのももっともです。しかし、たとえ苦しみのまっただなかにあろうとも、怒りや哀《かな》しみをおさえて、おだやかな気持ちになることができたとき、はじめて視界がひらけ、つぎの一歩をふみだす方向が見えてくる。そんな体験をなんどもさせていただいたと思います。

そうはいっても、いつもおだやかな気持ちにつつまれているということは、なかなか体得することができません。

わたしも若いころ正義感がつよかった時代もありました。まわりに悪事を見つけると、ふつふつと怒りが湧いてきて、徹底的に正してやろうという気持ちになった。若気のいたりというか、たとえ一緒に修行している同輩や先輩でも、理不尽《りふじん》なことにはなかなか納得がいかなかった。

いまとなっては笑い話ですが、そのころ、ひとの見ていないところではさぼってばかりいる先輩がいました。隙《すき》あらば人目のない建物のかげのほうへ行って仕事をしたふりをしている。しかし、そういうひとにかぎって、師匠《ししょう》が来られるときには、タイミングよく仕事をしはじめる。じぶんのこころのなかが悶々《もんもん》とする。

わたしは遊びごころもあるので、近所の駄菓子屋《だがしや》さんへ行って、ゴムでできたおもちゃの蛇を買ってきて、蛇に黒い糸をとおして、笹藪《ささやぶ》のなかにひそませておき、そこから糸をのばして、二メートルくらいはなれた石畳《いしだたみ》のところで雑草を抜いている。先輩がとおりかかると、

「おつかれさまです」

と声をかけながら、手もとですするすると糸を巻いてやる。糸にひっぱられて、ゴムの蛇が草むらから、急に音を立てながら、いきおいよく飛びだしてくる！　先輩はあわてふためいて逃げようとしましたが、足がからんで、へんな恰好でよろめきまわる……。

もっともけっしていいことではないです。ひとにやったことは、まわりまわってじ

ぶんに返ってくるものです。人生若かりしころは、痛い思いをたくさんし、涙したものです。

そんなぐあいで、一年三百六十五日、毎日めくじらを立てているような感じで、われながら、いきおいのある若かりしころもあったものだと思うのです。

そんな我の強さを、じぶんじしんでこころの芯の強さに変えていかなければなりません。修行をつまれた老師さまがたもよくこうおっしゃいます。

「若いころは我が強いくらいじゃないと大成《たいせい》せん。我が強い若者、大いに結構《けっこう》。しかし、我の強さをいかにこころの芯《しん》の強さに変え、どう円満に成長させるか。それはじぶんの努力しかないぞ」

修行道場には、ひとつのルールがあります。老若《ろうにゃく》関係なく、一歩でも、一秒でも早くお寺に入門したひとが、生涯先輩になるということです。十八歳が先輩で五十歳が後輩ということも当然あるわけです。

またお寺では、師匠や目上のひとに対する礼儀は徹底されます。縦の関係はきわめて厳格で、お師匠さんや先輩が理不尽なことをわざと言ったとしても、その場では絶対にじぶんの感情を顔や態度に出してはいけません。たんなる感情でひとを叱《しか》る先輩

もいますけれど、耐えなくてはなりません。わたしのお師匠さんなんかは達観《たっかん》してお
りますので、そんな単純なことはいたしません。わざと小僧のいやがることをさせた
り、知らんぷりをしている。でも、これも行のうちです。礼節《れいせつ》を守るなかで、日常の
生活や作務《さむ》や、お寺のすべてが動いているのです。

では、師匠に対しての礼儀とはどういうことか。

お師匠さんがつぎはどう動くか、先輩のつぎの段《だん》どりはどうなっているか、つねに前もって察知《さっち》して、パーフェクトにサポートさせていただくということです。ここで、どんどん修行が進んでいくひとと、のびないひととの差がはっきり出ます。数か月もたつと、その差は歴然《れきぜん》です。

たとえば、小さいころ親がとてもきびしくて、しかし親をちゃんと敬っている家庭出身のひとは、どんどんのびます。つねに段どりよく先輩や師匠の考えを先読みしてサポートする。しかし、小さいころのしつけで礼儀を教わっていなくて、「なんでそんなことをしなくちゃならないんだ」と考えてしまうようなひとは、先輩からなにかちょっと言われると、「あのひとは、なんでこんな重箱のすみをつつくようなことを言うんだろう」と悶々と考えこんでしまって、修行がすすまず、人生も切りひらけな

い。わたしはたまたましつけのきびしい家庭に生まれたことを感謝したものです。

なぜかというと、わたしのばあい、お師匠さんに叱られるよりも、先輩に叱られるよりも、じぶんの親に叱られるのが、こころのいちばん深い部分にこたえるし、反省するものがあるのです。それはやはり、わたしが小さいころ、貧乏ながらも精いっぱい育ててくれた親に対して、こころから恩を感じているからでしょう。どこをとっても非の打ちどころがなく、どんなことがあってもつねに前むきに、がんばってじぶんを養ってくれた親の背中を見ているからこそ、なにかひとこと言われても、「ああ、そうだな」と納得せざるをえない。ほんとうに親を敬うことができる。だから親から叱られたときが、いちばんこたえたものです。

そんなわたしが思うに、おそらく子どもを甘やかせば甘やかすほど、親を尊敬しなくなるのではないでしょうか。獅子《しし》の子を谷底に突き落とすようなことがあったとしても、そこにほんとうの愛情があれば、時間がたてば親のありがたさがいつかわかります。子どもじしんも世の中のつらさや苦しさを体験して、だんだんと角がとれ、丸みを帯び、こころのかたちがととのってきたときはじめて、それまでじぶんが多くの年長者から受けてきた恩を、こんどはつぎの世代へとおかえししようというこころが生まれてくるのではないでしょうか。人生はひとに迷惑をかけ、また、かけられて、たがいに成長するのです。そこでいちばん大切なこころはなにかというと、礼儀なのです。礼儀があるからこそ、和がたもたれ、たがいに成長し、組織や家族がばらばらにならないのです。

一月二十四日

すべてをふるい落とす

ある日、お寺の境内《けいだい》を散歩する犬のあたまを撫《な》でてやろうと近づいたら、突然からだをぶるぶるとふるわせたので、毛皮についていた水滴がわたしのほうへびしゃびしゃと跳《は》ねかかってきました。このように犬はときどきからだを大きくふるわして、からだの水分をふるい落とします。これを「抖擻《とそう》」といいます。そのときふと思いだしたのが、山を歩き、悟りを求める修行を「抖擻修行」というのだと教わったことでした。

お坊さんは、悟りを求めて、つらい修行に耐えなくてはなりません。長い年月、精いっぱいがんばっていると、かならず悟れるとまではいえませんが、すくなくとも悟る可能性はあります。

鎌倉時代の終わりごろ、臨済宗《りんざいしゅう》のお坊さんに大灯国師《だいとうこくし》（宗峰妙超《しゅうほうみょうちょう》）というかたがいて、非常に若く、二十代で悟られたといいます。けれども、そのお師匠さんは、「あんたはもう悟った。しかし、この悟ったということを絶対二十年間、ひとに言ってはいけない」

と戒《いまし》めて、大灯国師にも誓わせた。大灯国師はこの誓いを固く守られました。

わたしたちの修行もそうですが、みなさんもものごとを考えたり、書物を読んだりしているとき、はっとひらめいたり、思わぬ気づきを得たりする体験があると思います。それを一種の悟りといたしますと、たとえ悟ったとしても、それをむやみに剣《けん》のようにふりまわして、ほかのひとを批判したり、増長《ぞうちょう》して上から目線《めせん》になってしまうと、ほんとうは善いことであっても、かえって悪に転じてしまう。

だから修行を終えたあとにまた、ある修行が必要になります。これを仏教で「聖《しょう》胎長養《たいちょうよう》」といいます。じぶんで到達した境地を知識のみで話すのではなく、時間をかけてからだに落としこんでいくという意味があります。「悟ったあとの修行」ということで、「悟後《ごご》の修行」ともいいます。

たとえば人里《ひとざと》離れた山のなか、あるいは、禅寺の庵《いおり》のなかで、ただひとり坐禅をして、はたと悟りを得るばあいもあるでしょう。

「なるほど、こうだったか！」

これまでじぶんはなにに悩んでいたのか、なににとらわれていたのか、はっきりわかります。世の中のことに執《とら》われることを「世執《せしゅう》」といいますが、いまじぶんがこの世執から離れたことが確信できる。そして「こう生きればいいのだ」という法を天地から授かります。真に生きる智慧を授かるのです。

しかしそれをふりまわして、あのひとがいけない、このひとがいけない、と他者を非難してまわったら悪に堕《だ》す。これを「法執《ほうしゅう》」といいます。だから、もし修行を洗濯にたとえるならば、洗濯をしても、きれいに洗い流さなければ干したあとしみになってしまうように、こころの洗濯をしたあとは、聖胎長養の期間に山から里に下りてきて、世間のみなさまとおなじ目線で生活させていただくことにより、みなさんの苦労もわかる。里のひとといろいろ交わることによって、その生活に順応して、みなさんに適切なアドバイスをさせていただくことが大切です。ひとを非難することなく、ただじぶんじしんが正しい気持ちで、なににもとらわれることなく生きていく。曹洞《そうとう》宗《しゅう》をひらいた道元禅師《どうげんぜんじ》の教えでいうならば「身心脱落《しんじんだつらく》」ということになるでしょうか。すべてをふるい落とし、なにごとにもとらわれないということです。

中国は唐の時代に慈恩大師《じおんだいし》というお坊さんがいます。『西遊記《さいゆうき》』で有名な三蔵法師《さんぞうほうし》玄奘《げんじょう》の弟子で、法相宗《ほっそうしゅう》をひらいた高僧ですが、じつはお坊さんになるのがとてもいやだった。玄奘が「おまえ、おれの弟子になれ」と言っても「いやだ、いやだ」と言って逃げまわっていたそうです。

というのも当時のお坊さんの生活は非常にきびしかった。一般に二百五十戒といいますが、膨大《ぼうだい》な戒律がありますし、一日に一食、昼前にしか食事をしてはいけない。つまり正午をすぎたら食事は禁止。おまけに菜食主義で、肉や魚は食べられない。ニンニクやニラなど匂いのきつい野菜も食べてはいけない。慈恩大師はそんな窮屈な生活はしたくなかった。

それでも玄奘三蔵は弟子になれと迫った。午後になってからご飯を食べてもいいし、肉や魚を食べてもいい。二百五十戒を守らなくてもいい。だからとにかく弟子になれ、と言ったのです。

慈恩大師もとうとう根負けして弟子になったのですが、そののち法相宗という、現代の深層心理学をさきどりしたような精緻《せいち》で難解な宗派をお立てになったのですから、すばらしい法器《ほうき》があったのです。そして玄奘三蔵にはその才能を見抜く眼《め》があった。

この慈恩大師におもしろい逸話《いつわ》があります。慈恩大姉は、別名、三車《さんしゃ》和尚ともいわれます。三車というのは文字どおり三つの車のことで、ひとつめの車は慈恩大姉じしんが乗る車。そのうしろには、経典など書籍を積んだふたつめの車。さらにそのとなりに、おかかえの女性や酒や食べものを載《の》せた三つめの車があった。お坊さんになるのをさんざんいやがったように、慈恩大師は人間のもつ欲の車をひきつれて往来していたのです。

しかし、慈恩大師がいつものように三つの車をつらねて往来を走っていると、ある日、普賢菩薩《ふげんぼさつ》の化身の老人があらわれて慈恩大姉を叱責《しっせき》した。

「けしからん！　三つの車をつらねて走っているとはなんたることだ！」

慈恩大師はそこで気がつき、三つの車をすべてその場に捨ておいて、逃げ去ってしまった。おかかえの女の子とか酒や食べものだけを置いて逃げたのではなくて、経典とか書物まで投げ捨ててしまった。

これは笑い話のようですが、世の中のものにとらわれるな、それだけではなく、じぶんが悟った法にもとらわれるな、すべてをふるい落とし、あらゆるとらわれから解き放たれたときに、はじめて真理に生きることができる、というひとつ上の到達点をあらわしているのです。「聖胎長養」という「悟後の修行」が大事であって、山の修行だけではいけないのです。じぶんの悟りをいかにしてこの日常生活のなかで実践していくかが大切です。

みなさんも法話を聞いたり、あるいは仏教の本を読んで、そのときは仏の教えに感銘を受けるかもしれません。ところが、すこし時間がたち、ふと気がつくと、世の中のありとあらゆるものに執《とら》われて迷い苦しんでいる。

「すべてをふるい落とす」ことを「頭陀《ずだ》」といいます。インドのサンスクリット語で「ドゥーダ」ということばの音を漢字であらわしたものです。

お釈迦さまが涅槃《ねはん》に入られたのち、教団の責任者となったのは、十大弟子のひとりで十六羅漢《じゅうろくらかん》のひとり、迦葉尊者《かしょうそんじゃ》でありました。このひとは頭陀行《ずだぎょう》第一と呼ばれた。すべてをふるい落とし、法にもとらわれることなく、世の中のものにもとらわれることなく、中道《ちゅうどう》という真の道を行かれたひとであるからこそ、かれが教団を嗣《つ》がれたのでしょう。

すべてにとらわれない「頭陀」ということばは音をあらわしたものでしたが、その意味を漢語に訳すとどうなるか。

これは「抖擻《とそう》」ということばになるのです。そう、犬がからだをぶるぶるっとやる、あの「抖擻」。修験道《しゅげんどう》は山を歩く行で有名ですが、この山林修行は別名「抖擻修行」といいます。山というのは大自然の象徴ですが、大自然のなかで自己を見つめ、それまでの人生の垢《あか》やしがらみをすべて捨て去って、大自然の理《ことわり》のごとくにじぶんが生きられるようになったときはじめて、法を得ることができる。しかしこれだけでは不完全で、そののちやがて里に下りて、一般のひとびとの生きる苦しみや悩みをじぶんも体験し、涙し、ひとの痛みや苦しみがわかったとき、ようやく法にも執われない、ひとりの人間としてあたりまえのすがたになるのです。すべてを捨て去り、なにごとにも執われない。

みなさまも一度ぶるぶるっとやって、すべてをふるい落とされてはいかがでしょうか。

一月三十一日

愛される生きかた

わたしは昭和六十二年に奈良の吉野山《よしのやま》の修行道場に入りました。お寺の生活にはみんなと一緒にやらなければならない日々の修行があります。それが終わってご飯をいただくのが六時半。そのあと、まだ残っている作業や勉強をしていますと、あっというまに八時半や九時になってしまいます。

しかし、わたしは千日回峰行《せんにちかいほうぎょう》という厳しい修行をめざしていましたから、それからさらに一日最低三十分、平坦《へいたん》な道のない急な坂をのぼったりおりたり、ランニングしたりしていました。千日回峰行はとてつもなく過酷な行ですから、それに耐えうるだけの身体をつくっておかなければなりません。そのために、十九歳のときから二十三歳でじっさいに回峰行にいどむまでの四年間、雨の日も風の日も雪の日も、おなじことを毎日欠かさずくりかえしました。

ふしぎなもので、そうすると門前町《もんぜんまち》の青木酒店のおばあちゃんが、

「亮潤《りょうじゅん》さん、がんばりぃや。クリームお食べ」

と言ってアイスクリームをくれたりします。リポビタンDやオロナミンCをもらったこともありました。お小づかいがすこししかありませんので、それがほんとうにうれしく、修行のこころの支えになりました。大矢のおっちゃんからは、

「亮潤さん、将来家に帰って寺を建てたら、これを寺の境内《けいだい》に植えたらええ」

といって榊《さかき》の苗木《なえぎ》をいただいたこともありました。また椿原《つばきはら》さんというかたからは、

「将来お寺を建てたら、桜を寄進するさかい」

と言っていただいて、実際にお寺ができたときには、たくさんの桜の木をいただきました。お寺の事務所に勤めていらした山本さんからは、

「亮潤くん、うちのおばあがつくったチャンチャンコや」

と言ってチャンチャンコをもらったものでした。ほんとうに多くのかたにかわいがっていただきました。

そのときいただいた榊の苗木を育てて大きくなったのが、いま慈眼寺《じげんじ》の本堂正面の

左右にある榊です。また桜は、池のまわりとお寺の裏の斜面に植わっている桜です。チャンチャンコもいまも箪笥《たんす》のなかにきちんとしまってあります。

これらの桜の木や榊の木やチャンチャンコは、わたしが小僧時代に一生懸命修行にはげんでいたあかしとして、見るたびにうれしくなります。そして、なんであんなにかわいがってもらえたのだろうと考えます。

べつに胡麻《ごま》をすったり特別なことはなにもしていないのです。おまけに当時のわたしはまだ若くて血気さかんでしたし、やんちゃなところもありました。

ただいえるのは、わたしはいつも、どんなときでも精いっぱい、前むきに挑戦していたということ、そして、いつも明るくにこにこして、礼儀正しく、マナーを守るようつとめていたということです。玄関のたくさんの靴をきちんと並べることから、元気よく「はい」と返事をすることまで、修行でなにかを悟ったというものではなくて、小さいころから教わってきた、あまりにも基本的な、あたりまえのこと。そんなこころがけのおかげで、みなさんにかわいがっていただけたのではないかと思うのです。

若いころには自我が強く、我欲もあります。しかし自我や我欲をひきずっていたのでは、じぶんのこころがお天道《てんとう》さまのようにまぶしくかがやくことはありません。ひとところをつうじあわせることもできませんし、大自然の理《ことわり》とこころが感応することもありません。

自我や我欲をとり去ってくれるのは、ひとつには大自然のなかでの修行です。暑さにあえぎ、寒さにふるえ、風雨《ふうう》にさらされながらきびしい修行をつづけることで、じぶんの自我や我欲がとれてくる。これが山の行です。

しかしそれだけでは十分ではありません。わたしたち小僧の日常の行というのは、じぶんのいやな先輩とか、好きになれない後輩とか、お師匠さんとか、そういうひとびとからお小言《こごと》を頂戴《ちょうだい》し、叱責され、いやみを言われ、人間関係のなかでもまれ、ぶつかりあっていくうちに、川を流れる石の角がとれて丸くなっていくように、自我とか我欲がすこしずつ削《けず》られていくことにあるのです。

人間は「オギャーッ」と生まれて、親の世話になって、じぶんじしんが成長するとこんどは子どもを育て、親の世話をして、人生が終わりに近づくと子どものお世話になって、そしてあの世に旅立ちます。地球上の生物は何億年、何千万年とおなじことをくりかえしているのです。

では、なんのために？

それはおそらく、ままならないこの世において、じぶんの気ままわがままなこころを転じて、あるがままに感謝して生きられるのかを修行するためだと思います。だれでも「ああしたい」「こうしたい」という欲があります。しかし同時に、我欲の求めるままに人生を歩んでいったらとんでもない人生になってしまうということは、だれでもわかっていることです。しかし多くのひとは、「よいアドバイスをもらっても、なかなか実践できないんですよね」とおっしゃる。これもじぶん中心の、あるいはわがままのひとつのかたちなのです。

わたしはいずれあの世に行ったときに後悔するよりは、精いっぱいつつしみ深く生きて、「人生に後悔はない」という生きかたをしたほうが、じつはしあわせだと思います。そして、そんな生きかたをするひとこそ、いつのまにか多くのひとに愛され、幸運がめぐってくることを、ぜひこころにとめておいていただきたいと思うのです。なにも特別な日ではない、ふつうの日の、日常をおろそかにしないことです。なにもない一日だとしても、二度と戻らない、かけがえのない、人生のなかの一日なのです。そして一瞬一瞬が、かけがえのない大切な人生なのです。

如月……きさらぎ

人生の運転術

……………二月七日

平成十七年から十八年にかけての冬はたいへん寒い冬でした。戦後最低気温といわれたほどでした。十八年の三月十五日に八千枚大護摩供《はっせんまいおおごまく》という修法をするために、百日間の前行ということで五穀《ごこく》と塩を断《た》ち、このお堂にこもったのですが、外の気温は氷点下十五度にまでさがり、お堂のなかの小さい器《うつわ》に入っているお水も、わずか数十分でぜんぶ凍《こお》ってしまいました。

「わたしが行《ぎょう》をするからこんなに寒くなったのではあるまいか?」

わたしがなにか一大決心をしたり、行をしようとすると、きびしい状況になるばあいがある。わたしだけではありません。うちの修行僧も「あすから一週間水行《すいぎょう》します」なんて言ったとたん、狙《ねら》ったようにその一週間が寒くなったりするのです。これこそ仏さまからのプレゼントでありましょうか。

そういえば、このお寺が開山《かいざん》したばかりのころ、毎月二回の護摩《ごま》の日のことでした。身を切るように寒く、猛吹雪のせいか、参拝のかたがひとりもいないことがありました。だれもいないので、時間を遅らそうかどうしようかと思っていたところへ、近所のおばあちゃんが、吹雪のなか、背中を丸めて歩いてきました。

こうしてたったひとりおばあちゃんが来られたので、日曜日の護摩はおなじ時間でずっとつづいてきたのです。

とはいえ、最近は参拝者が多くなりましたけれど、むかしお山のなかでたったひとり修行しておりましたときも、だれが見ていなくとも日々を大切に、しっかりとじぶんじしんの気持ちをもってすべてをおこなう、そういう訓練をつづけてきたせいか、ひとが多くても少なくても、だれもいなくても、かならずなにごとも手をぬかずにさせていただくことがしみついています。

ただし山での修行は、決められたことを決められたように精いっぱい修行すれば、いい修行者といわれるでしょう。

しかし山のなかから里へ下りてくると、日常生活においては世間のみなさまとあまりかけはなれないような里の行になります。そして山のなかで得たものや感じたものを、みなさまにわかりやすくお伝えさせていただき、人生をよりよく生きていただくことを伝える役目があります。

最近のわたしじしんは、なにがあっても楽しい気持ちでいることができるのです。日常の仕事をしていても楽しい。人生は山あり谷ありで、思いがけないこともいろいろあるけれど、どんな状況においても楽しくてしようがない。そんな心境を自然に授かったのです。

むかしはそうではありませんでした。楽しい日が数日つづいたかと思えば、そうでない日々がやってくる。まさに人生山あり谷ありです。いまはずっと一定して楽しい時期がつづいています。

そんなお話をすると、みんな興味しんしんで、

「どうやったらそんなふうになれるんですか」

「そういう心境になれる方法を教えてください」

と口々におっしゃいます。だから、

「それではお教えします。清く正しく生きようとするこころ。きらいなひとをなくす努力。あとは、どんなときでも明るく前むきでいること。たとえできなくても、そ

うこころがけていると、できるようになります」

そう申しあげると、みんなため息をつくように言うのです。

「それができないんですよ……」

やはり大切なのは基本です。基本ができないうちは、なかなかそんな心境に到達できないと思います。たとえば自動車の運転免許です。学科試験のほかに実地試験があるように、頭で知っているだけでは車の運転はできません。「清く正しく生きる」という知識を頭に入れたしても、日常生活のなかでどうやって実践するかは別問題。上手なドライバーもいれば下手なドライバーもいるように、人生にも、うまく生きられるひとと、下手に生きてしまうひとがいるのです。

とはいえ運転なら、車に乗らずにすませたり、かわりにだれかに運転してもらうこともできますが、じぶんの人生はすでにはじまっていますから、じぶんでしっかり生きなければなりません。だから実践あるのみです。いちはやく路上に出て、じぶんじしんの人生をきわめる訓練をしないと、あっというまにあの世に逝《い》ってしまうでしょう。

生まれたままのわたしたちは、本来気ままわがままなものです。これではいけない

と思い、もっと清く正しく生きたいという願望もたしかにありますが、人生でちょっと困難にぶつかったら、

「あのひとがもっといいひとだったらいいのに」

「あのときこうしてくれていたらよかったのに」

と過去のいきさつをひきずり、とらわれて、そこから身動きできずに苦しむことになる。これを迷いの世界というのでしょう。

そんなときは「清く正しく生きていこう」と一大奮起して、まず一歩をふみだすことです。もちろん、ふみだしても最初はうまく進めないでしょう。三日目に「今日は清く正しく生きることができた」と思っても、四日目にはまたできなくなっているかもしれません。それでも四日目に反省をし、また五日目からやりなおす。こうして、くりかえしくりかえし訓練をつみかさねていくうちに、やがて上手になっていく。運転と一緒です。はじめは下手でも、だんだん事故を起こさないような、上手な運転になっていくのです。

お坊さんは、本来みなさんの見本とならねばならない存在であり、そのような定めを持って生まれていますから、みなさんよりきびしい修行をし、そのつらさや苦しみ

のなかで、じぶんじしんを見つめつづけ、やがて人生が楽しくなる。そしてみなさんにそのすがたを見ていただき、「じぶんも楽しく生きてみよう」と思っていただく。それがわたしたちお坊さんの生きる道なのです。

しかしお坊さんになりたてのころはまだ若く、人生の道理なんてものはわかりません。お釈迦さまがこのように言われたとか、まったく知らないところからのスタートです。

わたしが十九歳のときに、ある臨済宗のお坊さんがお師匠さんの弟さんを訪ねてきました。そのかたが、まだ十代の若いわたしにむかって、こう言った。

「若いころにお坊さんになれて幸せですね。欲や我が強いいまのうちに、どんどん苦しんでください。若いうちにいやというほどいやな思いをすると、やがてよくなってきますよ」

そのころは、そのかたが言われた意味がよくわかりませんでした。とにかくすべてが暗中模索《あんちゅうもさく》。捨て身で前に進んでまいりました。

どんなことがあっても、とにかくなんでも実践し、いろいろと考えながらも、いつかはおだやかな境地に達したいという前向きの気持ちを諦めずに持ちつづけたおかげでしょうか、いまはこんなに日常が楽しくてしかたがありません。ようやく少しはお坊さんの仲間に入れたかな、と思っているところです。

いつも感謝の気持ちを忘れないこと。じぶんを下に、相手を上に、ひとを尊《たっと》ぶ気持ちをもっていること。「ハイ」という心地よい返事をいつもすること。こういう基本的なところをちゃんと徹底して、あたりまえのことをあたりまえにできること。これが道場でも一般の社会でも、内面的なところが伸びていく秘訣です。

せっかく生まれてきた人生です。思い、悩み、苦しみのなかにいるよりか、一念発起して、「よし、がんばってみよう!」と思うことをひとつでも見つけられれば幸せがやってきます。楽しいときばかり楽しむのではなくて、苦しいときや辛いときでも、「ああ、楽しいな、生きてるな」という心境になれると、ますます幸せになります。

ある日のこと、

「どうしてスケートで三回転が跳《と》べるんですか?」

フィギュア・スケート選手・羽生結弦《はにゅうゆづる》くんにたずねたら、しばらく考えていましたけれども、

「よくわかりませんが、跳べるんです」

と言われたことがあります。

「とにかく練習です」

と言っていましたが、それとおなじです。

「なんでそんなに楽しいんですか？」

と訊かれても、なぜこんなに楽しめるようになったのか、正確なところはわたしにもわかりません。ただ、日々のこころがまえと実践が、やがてそういう気持ちにつながっていくのではないか、と思っています。なにごとにつけ、上手でも下手でも精いっぱいさせていただくこと、そして謙虚にすなおに生きていくことが、幸福へのいちばんの近道だろうと思います。わかっていてもなかなかできないことですが、あきらめないで、謙虚なこころがけをたもっていれば、いつかきっとできるようになるでしょう。とても簡単なことですが、行いがたし。長い目で見て、しっかりした歩みをつづけていただければと思います。

二月十四日

前に進む勇気

修行中にはいろんなことがありますが、すべてのものには原因があって結果がある。それゆえ、なにがあってもじぶんのよいこころがまえをたもちつづけることができるなら、つらいことや苦しいことがあったとして、いつかかならずよい方向に変わっていくことができるだろう。

さきほど護摩行《ごまぎょう》の終わりに太鼓《たいこ》が鳴り、鐘《かね》が鳴ったとき、ふとお師匠さんがそう言っていたことを思いだしました。

わたしがお坊さんになったばかりのことをふりかえっても、ときには思いもよらぬ問題に巻きこまれたこともありました。思ってもいないことを言われたこともある。

おそらく長いあいだ生きていれば、だれでもかならず経験することだと思います。

そんなときには、じぶんじしんがまちがったことをしていなければ、胸を張って堂々と、いいわけなどせずに、こころを曇《くも》らせることなく、いままでどおり変わらない努力をしつづければよいのです。

もしじぶんがほんとうにまちがったことをしていたら、まちがいがめぐりめぐってじぶんの身にふりかかってきます。しかし理にかなった生きかたをしていれば、かならず守られるから大丈夫。修行でもそうですし、わたしたちの日常生活でも、理にかなったまっすぐな生きかたをしていれば、どんなことがあっても、やがていつかかならずよい方向にみちびかれる。

わたしはそこで、ふと立ちどまって考えました。

たしかにわたしはなにがあっても曲がったことをしないよう、ひたすらまっすぐに歩んできたけれど、それはけっしてじぶんだけのちからではない。わたしには尊敬する親がいたからだ。親を生んでくれたおじいちゃん、おばあちゃん、そのまた上の、ひいおじいちゃん、ひいおばあちゃん、さらにさかのぼって、無数のご先祖さまがいたからだ。そうしてずっとご先祖さまをたどっていくと、だれにたどりつくのだろう。それはわたしたちの親のような神仏にたどりつくのではないか。

一方で、ちいさいころから成人までは親に育てられますが、肉親や家族に対してはどうしても身内という甘えからなのか、ふとした瞬間に感情的になってしまうこともありますので、じゅうぶん内面的なものが磨ききれたとはいえません。出家して、師匠という存在があって、他人の集まりのなかでいろいろな思いを経験して磨かれて、はじめていまのじぶんじしんの存在がある。このようにふりかえってみると、過去の人生すべてが感謝に耐えません。

つらいこと苦しいことをいろいろ体験しても、なまけごころが湧いてきても、みんながやっているからいいじゃないかという誘惑がこころのなかに響いても、「いや、なにくそ、がんばろう」とふりはらい、ひたすら正しくありたいと歯を食いしばり、肩にちからを入れてでも歩んできた結果、いまではこころが落ちつくべきところに落ちついて、少々「あれ?」と思うようなことが起きても毎日が楽しく思えてならない。それは、意地悪をされたり、いやみを言われて「いやだな、なんでこんなことばを言うんだろう」と胸のうちでつぶやいたことも、すべてを人生の跳躍台《ちょうやくだい》として、跳び箱を跳びこえるように乗りこえてきたからではないかと思うのです。

人生の修行では、もし一段の跳び箱が跳べたとすると、仏さまはつぎに二段の跳び箱を用意しています。それが跳べると、こんどは三段、そのつぎは四段、五段と、どんどん高くなっていきます。それを乗りこえたとき、またひとつじぶんが成長していきます。だから、わたしたちが体験するいろんなつらいことや苦しいことは、いまのじぶんの成長を願って、仏さまがあたえてくれた跳び箱だと思うのです。それを乗りこえるか、「じぶんにはこんな高さは乗りこえられない」と尻ごみして、跳び箱の前で立ちすくんでしまうのか。でも跳び箱をこえなければ先へ進めません。進めなければまたうしろへ戻って、堂々めぐりの人生になって、暗い顔でうつむいて生きるようになる。まるっきり別ものの人生になってしまうのです。ほんとうに、こころがけひとつで人生は紙一重です。

さあ、「やるぞ!」という勇気。どんな苦しみも乗りこえたらじぶんは成長するという確信。このふたつの気持ちをたずさえて、目の前の困難をひとつひとつ克服していくと、やがてこころが落ちつくべきところに落ちつくのだ。そうあらためて思うのです。

しかし、なまけたいときもなまけず、やりたくないときも「やらなければならない」とじぶんを叱咤激励《しったげきれい》してがんばれたのは、こころのなかに親がいたからだと思います。こころのなかに先祖がいたからだと思います。先祖をたどっていったときにおわします神仏が、じぶんのこころのなかにいたからだと思います。ときにはじぶんの成長のために、血も涙もないような試練をあたえてくれた仏さまがいてくれたからだと思います。

こころのなかに信仰心があるからこそ、「神さまが見ている。仏さまが見ている。ご先祖さまが見ている」と思って、悪いことができないのです。ひとりっきりで誰が見ていなくても、こころの働きをすべて神仏が見ていると思えばこそ、理にかなう生きかたになるべく沿うよう、こころしてこられたのではないかと思います。その信仰心をつくってくれたのは、ほかの誰でもない、じぶんを産んでくれた親の生きかた、うしろすがただと思うのです。

そう、いま思えば、わたしが中学生のころには、ほんとうに生活がたいへんでした。それでも汗水垂《あせみずた》らして一生懸命働いて、精いっぱいわたしを育ててくれた親がいた。母の背中を見ていると、じぶんもがんばらなくてはならないと自然に思えてくる。

当時、まだ幼い子どものころは、やんちゃなこともするし、わがままです。でも母親にひとことなにか注意されると、なぜか理屈ぬきに納得せざるをえなかった。母の生きかたを見ていると、ほんとうにどこにも粗《あら》が見あたらない。「かあちゃんだって……」と口ごたえできるような隙がない。だから、このひとに言われたら観念して言うことをきくしかない、と子どもごころに感じていたのでしょう。

たとえば、親がとんでもない生きかたをしていたら、子どもはけっして親を尊敬しません。女手ひとつで歯を食いしばって、ばあちゃんと私の世話をしてくれた。そんな母を見ていると、しぜんに畏敬《いけい》の念が湧いてきますし、そのひとを生んでくれたおじいちゃんとおばあちゃん、そして今日まで連綿《れんめん》といのちをつないでくれたあまたの先祖の方々がほんとうにありがたく、こころから先祖を敬う気持ちが生じます。先祖を敬う気持ちが生まれると、しぜんと神仏に手をあわせるこころも生まれてくる。こうして親が身をもって子どもの教育をすることが親のあるべきすがたです。これがいちばん大事なことでありましょう。

どんなときにもじぶんに親がいるように先祖がいて、神仏がいて、いろんなひととのご縁やご恩によって、じぶんじしんの存在がある。

わたしたちはなにか役目があってこの世に生まれてくるのでしょう。日々目の前に起こりくるいろんなできごとに対して、うらみや憎しみの気持ちを持って毎日をすごしてあの世へ逝くか、歯を食いしばって、それを跳躍台として、どんどんじぶんのこころを高めていくか。この人生の跳び箱を跳べるようになるために、わたしたちはこの世に生まれてくるのだと思います。人生の達人は、いつでも明るく、こころ軽やかに、一日一日をすごしていく。また、そういうひとと一緒にいると、じぶんのこころも軽やかになっていく。わたしたちもそういうひとをめざしましょう。そのために、家庭におけるじぶんじしんのありかたや生きかたを考えてみては、と思うのです。

二月二十一日

向上心

「暑いなあ」「寒いなあ」と申しますが、じぶんのこのからだをとおしてつたわってくる暑さ寒さは、わたしたちのこころにいろんなことを教えてくれるものです。

みなさまご存じのとおり、かつてわたしは山で修行をいたしておりまして、修行というと、つらくてきびしいイメージがあるうえに、わたしのばあい、なかなかひとがやらない難行ですから、なにか超人的なちからでも身につけたのかとお思いになるかたもたまにいらっしゃいますけれども、じつは山での修行とは、神秘的なちからをさずかりたいからおこなうものではなくて、ただたんにじぶんのこころを見つめて、じぶんのこころを正して、大自然の原理原則にしたがって、真理そのもののごとくに生きるにはどうしたらよいものかとたずねてまわる、そんな歩みが修験道の教えです。

じぶんのこころはどこかまがっているかな、これでよいのだろうかと、炎天下《えんてんか》のうだるような暑さのなか、水をくむ川もなく喉《のど》が渇いてしかたがない、その渇きをこらえながら、ひたすらに歩いていく。凍傷《とうしょう》にかかって耳が腐《くさ》って膿《うみ》が出ているような日も、ただただ耐えながら、自己を見つめて歩くのです。

この慈眼寺の護摩でも、みなさまは寒い冬に、護摩堂の扉のひらく三十分前、一時間前からおならびになって待っていてくださり、夏になると護摩壇のお近くにおすわりになるかたは、耐えられないような暑さで汗だくになりながら、ともに護摩を修します。

わたしたちはみなさまをおむかえして、じぶんたちのできる精いっぱいのおもてなしをこころがける。日曜日の午後一時、このお堂で、みなさまがたとこころをひとつにして祈る、その時間の共有がとても大切なのです。こころにこめたいろいろな願いごとがかないますように、悩みや迷いがすこしでも解決にむかいますように、信を持ってともにみほとけに祈り、みずからの生きかたを見つめなおしながら……。そんな大切な時間であろうと存じます。

お坊さんは、ひとりの修行者としては一生涯行がつづくわけですけれど、みなさまがたを救うというほどの大それた考えを持っているわけではありません。ただ、もしほかのかたがたと違うところがあるとすれば、みなさまのお手本となるような生きかたをしなければならないだけのことです。このことを修行者としての定めだと思い、こころを正し、自己を見つめ、夜寝る前にはじぶんの悪いところを反省し、清らかなまことのこころを持てるよう、そして、すこしでもみなさまのお役に立てるようなお坊さんになれるよう、気持ちをあらたにいたします。

わたしがまだ小僧のころ、お師匠さんがよく、「ひとを救うとか、世のため人のためとか言うやつがいるけれど、わしらにそんなことはできんのや。ひとを救うのは神でありほとけである。わしらはそのお手つだいなんや」とおっしゃっていましたが、そのことばをつくづくと思いだします。

じぶんひとりでさえ、信を持って正しく生きていくことに徹するのはたいへんです。「よいことをし、悪いことをしない」。口で言うのは簡単ですが、つらぬくことができるでしょうか。たとえ頭でわかっていても、「あれが食べたい」という欲望があり、「このひとはきらい」「この仕事はいやだ」と厭《いと》う気持ちがあれば、悶々とした時間をすごすことになるでしょう。これが迷いというもので、迷いにとらわれたまま生きていると、ずいぶんと下手な生きかたをしてしまうことになります。

さっと気持ちを切りかえて、すっきりした顔で前をむいて、一日ひとつでもよいことをしようと思い定めましょう。一日にひとりでもいいから笑顔をほどこそうと実践することが、じぶんの人生をいいほうに転回させます。

みなさまもこの一週間をふりかえれば、よいことも悪いこともあったでしょう。しかしそのなかの悪いこと、いやなことを乗りこえれば、じぶんじしんがまたひとまわり大きく成長しているかもしれません。もうひとつ乗り越えれば、またひとまわり。ほとけさまはわたしたちを大きく成長させるために、ひとつ、またひとつと試練を用意して、それを乗りこえていくのをわたしたちの人生の行とされているのかもしれません。

このなかに、もし慈眼寺の護摩にこられるのがひさしぶりというかたがおられましたら、一年前の護摩と今日の護摩は作法はおなじでもぜんぜんちがうと感じてくださったと思います。いや、いつも来られているかたであっても、先週の護摩と今週の護摩もちがうと思ってくださると思います。

わたしたちはつねづね向上心を持って歩んでおりますので、今週の護摩より先週のほうがよかったと言われてはいけません。日々精いっぱい生きて、みんなが一丸となって歩む。その努力が今日の護摩なのです。

先週、京都から横浜に移動しましたとき、京都でいただいたお菓子を仙台まで持っていくのは、それからの予定を考えると日もちがしない。そのホテルには講演ですでに二度ほどお世話になっていたので、小さなお菓子だったのですけれど、よく知っているホテルのかたにさしあげることにしたのです。

「これ、みなさんで食べていただけませんか」

あくる朝、一階のフロントにまいりまして、

「チェックアウト、お願いします」

と申しましたら、フロントにいたのは若い女性で、これまで面識《めんしき》のないかたでしたが、

「昨日はお菓子をいただきまして、ほんとうにありがとうございました」

とお礼を言われたので、びっくりしました。

「本来ならば、わたしたちが塩沼さまにお世話になったかたちとして、なにかさしあげなければならないのに、いただいてばかりで申しわけございません」

まことにていねいなことばづかいでした。ひとをもてなすこころ、ホスピタリティ

の精神がすばらしいと思いました。このホテルは、みんながひとつになって動いているのだとも感じました。

たったひとことでも、「ああ、すごい」とひとは感動をおぼえるものです。わたしたちも、それだけ徹底してみなさまをお迎えしたい、と決意をあらたにしたのです。

お寺でも会社でもおなじですが、ひとりひとりに対する誠意や、おもてなしのこころは、育てようと思っても一朝一夕では育ちません。マニュアルをおぼえさせ、規則で縛《しば》り、あれやこれやでがんじがらめにすれば、表面上はすばらしいおもてなしのように見せることはできるかもしれませんが、マニュアル以外のこととなると、ほんとうのまごころは、相手のこころの奥までは伝わらない。

やはりひとりひとりの自覚が大切です。やがてこころとこころがつながって、みんなのきずながチームワークを生んで、すこしずつかたちができてくるのだと思うのです。

ぜひご家庭においても、だれかを喜ばせる気持ちやひとを思いやる気持ちをもちつづけていただきたいと思います。戦後七十年、わたしたち日本人は目的至上主義になったところもあります。そのためにコミュニケーションがおろそかになり、ひとの気持ちがわからなくて、「たいへんな時代だ、どうしたらよいのだ」とささやかれるようになってしまいました。だからこそ、人を思いやるこころと、おもてなしの精神を、いま一度見つめてなおしていただければ幸いです。

弥生……やよい

……三月七日

こころを曇らせることなく

さて、いつもにこにこ明るく笑って、おだやかなこころですごしたいと願っても、ひとのこころはそう簡単に変わりません。つまらない自我や我欲に負け、「あれがほしい」「ああなりたい」と、とてもおだやかな気持ちにはなかなかなれないものです。だからこそいろいろ試行錯誤をし、お坊さんたちはときおり食を断ったり、水垢離《みずごり》をしたりして、修行のなかでじぶんをコントロールできるようにチャレンジするのです。

わたしもそのような生活を長年つづけてきたわけですが、ふと思うことは、変なことを言うようですが、お寺というのはある意味で非常に楽な場所ではないかと思うのです。

お坊さんはみなさまがたのお手本となれるような人間をめざしていますが、そのために、欲の対象となるものがお寺のなかへ入ってこないよう、塀《へい》で隔離《かくり》して、規則正しい生活を送っています。しかし一歩お寺の外に出てみれば、俗世《ぞくせ》には欲の対象があふれていて、簡単にこころが動いてしまいます。そんなところでまっすぐ生きていくのは、じつにたいへんなことではないでしょうか。

ひととして生まれてきた以上、まわりのひとたちにやさしくふるまい、にこにこ笑って明るく元気にすごす、それがわたしたちの人生の意義にちがいありません。お寺であるか、家庭や職場であるかを問いません。お坊さんがお山でただ修行することだけが偉いわけではない。日常のなかでまっすぐに生きようと試行錯誤しながら、だんだんと気持ちが落ちつくところに落ちついて、やがてなにか気づきを得て、さまざまなつらさ苦しさをひとつひとつふり落として、やがておだやかなこころになっていく。つらさ苦しさをバネとして、こころを成長させていく。ひととして授かった人生の行です。

私が十九歳のときにお寺に入った一九八七年のことです。この年わたしはフーテンの寅《とら》さんの映画に三秒くらい映ったことがありました。三十九作目の「男《おとこ》はつらいよ　寅次郎物語《とらじろうものがたり》」。茶道の授業がおわり、茶室から出てきたときに、突然監督から「出てくれませんか」と言われ、寅さんのうしろを歩いたのです。

先日テレビをつけたとき、ちょうどその「フーテンの寅さん」の話をしていました。主演の渥美清《あつみきよし》さんはたいへんすばらしい役者さんなのに、なかなか芽が出なかった。あるとき神社におまいりして、なにかひとつじぶんの好きなものを断つことにしようと思った。それで煙草《たばこ》を断つという願をかけて神社から帰ったら、家に着いたとたんに電話が鳴って、寅さんの主演が決まったというのです。

このように、じぶんの願いをかなえようとするときには、なにかひとつじぶんの好きなものを断ち、辛抱《しんぼう》しなければならない時期があるのではないかと思うのです。

いまでも母がときおり、わたしが二十二歳のころの話をすることがあります。同期の修行僧のなかには、じぶんで決めた年数の修行をおえると、じぶんのお寺や家に帰るひともいる。わたしはひとをうらやむことはあまりないほうですが、まだ若かったこともあったのか、ふとこころが疲れていたのかわかりませんが、「いいなあ」と母が感じられるようなことを言ったというのです。

たしかに山を歩きながら、そういうひとの人生とじぶんの人生を比較して、べつにそのひとたちのようになりたいと思っているわけではないのに、涙が頬をつたわってきました。歯を食いしばって夜空を見あげても、涙が湧きあがってくるばかりでとまりません。

じぶんではよくわかっているつもりです。しかし若さのせいか、こころのなかで「うらやましくない、じぶんはじぶん」と思っていても、じぶんのあたえられた人生の役割の重さに押しつぶされそうになり、涙がとまらないのです。

そのひとたちの人生とわたしの人生はまったくちがいます。ちがう運命のもとにいるので、そもそも比較することができないのです。比べようのないものを比べてしまった瞬間でした。それでもただがむしゃらに、一心不乱《いっしんふらん》にこの道を歩んでいると、いつの日か千日回峰行も満行し、気がつけばお寺の住職になって、大勢のひとの前でお話をさせていただく立場になっている。ふりかえればすべてに感謝です。

けれども、若いころにいだいた情熱と身を締《し》めつけるようなつらさ苦しさは、いまでも人生の宝もの。行をおえて、人生の山道を一歩、また一歩とよじのぼればよじのぼるほど、やはり涙はつきものです。

「いろんなひとに慈《いつく》しみのこころをもってわけへだてなくおつきあいしなければなりませんよ」

と、講演する機会をいただければ、一生懸命お話をさせていただきます。聴衆のみ

なさんも、ときに涙ぐみながら、話をきいてくださいます。でも、話が終わって質問の時間になると、

「わたしにはきらいなひとがいるんですけど、どうしたらよいですか？」

という質問が飛んできます。それまでの一時間半、どうすればいいかを一生懸命話してきたというのに……。

しかし質問するかたの気持ちもわかります。ひとから説明されれば、たしかにあたまではわかります。しかし実践するのはむずかしい。実践しなければ、おだやかな気持ち、しあわせな気持ちになることはできないのに、その一歩をふみだすことができないという気持ちもわからないこともない。

だからこそきびしい修行のなかで自己を見つめ、みずからおだやかな気持ちを手に入れて、その体験をもとにして、「こうしたらいいよ」とアドバイスできる、お坊さんという存在が必要なのです。そのために、わたしが経験したこの苦行もあったのだ。そんなふうに、いまは冷静に頭で整理することができます。二十代の若いころの、どうにもならないようなこころの葛藤《かっとう》があってこそ、長い試行錯誤を経て、いまのこのおだやかな明るい心境に到ったのだなと思うのです。

人間というものは、ひとつの夢に向かって歩きだした当初は「がんばるぞ」といういきおいがあります。でも、それをいつまでたもちつづけられるか。

お師匠さんから教わったとおり、何年たってもおなじことを、おなじようにくりかえしていくばかりです。ときとして、こころは千々《ちぢ》に乱れるでしょう。迷いも生じ、悩みも起こり、怒りや悲しみや屈辱に悶々とすることもあるでしょう。なにがあっても基本を忘れずに、どれだけ根気よくていねいにつらぬきとおせるかが大事です。それがやがて、じぶんのわがままなこころを、落ちつくところに落ちつかせてくれるのです。

涙と汗を流せば流すほど、こころは成長します。雨でも雲の上は晴れている。そのように、試練のなかでも、こころを曇らせることなく歩いていこう。そう思って歩きつづけたら、こんなにおだやかなこころにみちびかれたのです。

どうしても人間は妥協《だきょう》しがちです。しかし寒くても「ここで負けてたまるか」と辛抱する、お腹がすいても「辛抱する」ということで、ひとつ芯のとおったじぶんに成長できるのです。

花のように生きられますか？

……三月十四日

奈良県の吉野山は、標高《ひょうこう》が三百六十五メートル。そこから二十四キロ先の大峰山《おおみねさん》という千七百十九メートルの山へのぼって、その日のうちにおりてくる。片道二十四キロなので合計四十八キロ、それを山開きしているあいだじゅうおこないます。一年のうち五月の三日から九月の初旬《しょじゅん》まで、だいたい百二十日くらいをめどに行じるので、九年かけて満行します。それが大峯《おおみね》千日回峰行です。

十九歳のときに仙台をはなれ、出家の道を選んだわたしは、二十三歳のときから千日回峰行に入りました。毎朝おにぎりを持って出立し、山頂にある宿坊《しゅくぼう》でおにぎりとお湯を補給して帰路《きろ》につく。夕方の三時半にふもとに到着し、じぶんの衣を洗ったり、あすの用意をしたりしていると、あっというまに時間がすぎてしまいます。四時間半ほど睡眠をとると、夜の十一時二十五分に起床《きしょう》して、またひとり黙々と山にむかって歩いていく。

雨の日もあれば風の日もある。からだがつらい日は毎日です。こころのなかにつぎからつぎへ、いろんな葛藤が浮かんでは消えていきながら、自己を見つめます。

台風が来れば山は荒れます。真っ暗な山のなかに、かんだかい風の音がひびき、木々がざわめき、大きく揺《ゆ》れる枝が頬《ほお》や腕を打つ。尾根《おね》を横切る風は、風速四十メートルから五十メートルもあり、尾根を走ってぬけるとき、ふいにからだが持っていかれそうになって、このまま宙を舞って飛ばされるのではないかと恐怖をいだきます。

しかしふしぎなことに、いったん台風がすぎると、危険な場所ほどまるで天国のように変わります。きのうまで恐くてたまらなかった山のなかに、木《こ》もれ陽《び》がみちあふれ、足もとにはきれいな花が咲き、まわりを蝶々《ちょうちょ》が飛んでいる。人里はなれた山のなかで咲きほこる花々は、すがたをだれかに見せようと意識するのでなく、ただただ天にむかってその美しさをあらわしている。

わたしじしんはこの花のごとくであったろうか。天から仏さまが見て、わたしはどのような存在なのだろうか。

その花には雄蘂《おしべ》があり、雌蘂《めしべ》があり、陰陽《いんよう》があわさって、はじめて華麗《かれい》なすがたになります。もしかするとわたしたち人間も、生活の原点であるその過程にこそ、天におわします神仏が喜ぶ花があるのではなかろうか。相対《あいたい》するひとたちが憎しみあうことなく、たがいに相和《あいわ》していくことこそが、わたしたちの本来あるべきすがたではなかろうか。

山を歩くたびに、大自然からわたしのこころへ、さまざまな思いがつたわってきます。あたまで理屈はわかっても、こころのなかでは解決できないでいる葛藤がありります。人間はだれしもわがままなので、じぶんの思いどおりにならないと、ついだれかを責めてしまう。ひとにやさしさをわけてあげようという思いですら、相手が期待どおりにならないと、そのひとを責めてしまったり、うらんでしまったりしてしまう。ほんとうにわたしたちのこころはわがまままきわまりないものです。

そんな葛藤をひとつずつおさえて成長するために、わたしたちはこの世に来るのではないでしょうか。もしもあの世があるならば、またひとつ修行してこようという意気ごみであの世を出て、この世に生まれてきたのではないかと想像してしまうこともあります。

山のなかをひとりぽつんと歩いているとき、一陣《いちじん》の突風《とっぷう》で、足もとのたんぽぽが綿《わた》毛《げ》を四方に飛び散らしました。風は平等に吹きます。しかし綿毛が運ぶ種の落ちる場所はさまざまです。水たまりに落ちる種もあれば、栄養ゆたかな黒土に落ちる種もある。アスファルトに落ちる種もある。

わたしたちは「行ってきます」といって天から風に乗るごとく運ばれ、どこかの土地や家庭を定《さだ》めの場所として生まれてきます。あたえられた環境で、どんなにつらくても苦しくても、いつも前むきに、こころゆたかに生きていかなければならない。芯のとおった生きかたをしなければならない。

一年、二年、三年、四年と行じるたびに大自然にかわいがっていただき、じぶんを磨いてくれるために、たくさんの困難をプレゼントしていただいて、わがままなじぶんの我の強さが芯の強さに変わっていきます。

お山だけではありません。わたしたちにあたえられた環境や生活のすべてには、いろいろな意味がふくまれているのです。それをどうとらえて、どう生きるかは、じぶんじしんにかかっています。行をただ行じるのではなく、どう行じるか。ただ生きるのではなく、今日一日をどう生きるのか。じぶんの意志をしっかり持って歩んでいかなくてはなりません。

わたしが山を歩いて学んだことはさまざまですが、あえて要約すれば、「感謝」と「反省」と「敬意」になるでしょう。

まずじぶんじしんがこの世に存在することへの感謝です。おとうさん、おかあさんがいて、はじめてじぶんが存在します。そのおとうさん、おかあさんにも、そのまたおとうさん、おかあさんがいて、おとうさんのおとうさんにも……と、ずっとむかしへさかのぼっていくと、いったいだれにたどりつくのでしょうか。

それは神さまとか、ほとけさまとか、そういった根源的な存在なのではないでしょうか。

わたしたちのいるこの地球は、一秒間に二十九・八メートルという高速で回転しながら、しかも太陽のまわりを一秒間に二百二十キロの速さでまわっていますが、お茶を飲もうとお茶を煎《い》れても茶碗の水面《すいめん》ひとつゆれません。ほんとうに微妙なバランスのうえに、わたしたちは生かされているのです。このわたしたちじしんの存在にまず感謝をしたいのです。

しかし、わたしたちはただひとりで存在しているだけではありません。大ぜいのひとのなかで、おたがいにお世話をし、お世話になって生きている。おとうさん、おかあさんから、友人や近所のひと、たまたますれちがったひとにいたるまで、ご恩を受け、ご迷惑をかけて生きている。その事実を反省し、まだご恩がえしもすんでいないことを、こころにとめておかなくてはいけません。そして、じぶんじしんも多くのひとからご恩を受け、ご迷惑をかけているのですから、ほかのひとにも思いやりをもって接しなくてはなりません。

そして、相手に真実をつたえるには、じぶんのこころと、ことばと、おこないの三つがあわさっていなくてはいけません。であれば、感謝し、反省し、おもいやるこころからのことばと態度で、「ありがとう」「すみません」「はい」と、素直につたえたとき、あなたの真実のこころが相手につたわるのです。

とてもあたりまえのようなことですが、基本的なことをきちんとしていると、運気があがり、ご縁がひろがります。野に咲く一輪の花のように、見えない根っこの部分でしっかりと努力を惜しまず、きれいな花を咲かせ、だれが見ても「きれいな花だなあ」とこころがなごむような存在になったとき、じぶんも、また、あなたのまわりのひとたちも、「しあわせだなあ」と思うことでしょう。

じぶんの人生を切りひらくのはじぶんじしんです。みなさまがよい人生を送っていただけますよう、こころからお祈りいたします。

卯月……うづき

四月二十五日

人生のあかし

お経の読みかたには、各宗派によって読みならわしというものがあります。「般若心経」ひとつとっても宗派によって微妙に唱《とな》えかたのちがいがあります。どれが正しいか正しくないかではありません。読みならわしとは、つまりは読みかたの特徴ということです。

たとえば毎朝のお勤めの時間があります。お師匠さんのお唱えするとおりに修行僧もお唱えをしていく。ここが修行のはじまりです。野球にたとえますと、いろいろなルールをおぼえなくてはいけませんし、守備もバッティングも練習しなければいけませんが、まずはキャッチボールからはじめます。基礎からはじめるわけです。

お寺に入ったばかりのときはなにひとつわかりません。お経もぜんぜん知りませんから、ましてや読みならわしという、じぶんの宗派がお唱えするお経の特徴もわかりません。それがお師匠さんのお唱えするとおりに読んでいくことで、だんだんと身についていくのです。

お師匠さんひとりひとりに、そのかたなりの味というものがある。ただその味は、人間がいろんな修行をつんで、苦しいこと、悲しいこと、たいへんなことをいくつも乗りこえて、ほんとうのやさしさを身につけ、この大自然と、いわゆる真理に近づいたあかしですから、そういう生きかたをしているお師匠さんの読みならわしは、理にかなっていて、とてもきれいな感じがいたします。

わたしのお師匠さんも、たいへんすばらしいお経の唱えかたをされるかたでした。人生をどのように生きて、いまをどう生きているのかが声となるのですから、なかなかおなじようにお唱えすることなどできるわけがない。それでもお師匠さんのやられるとおりにお唱えしなければならない。

そのとき〇・一秒とか〇・二秒の世界にも注意をはらっていなければなりません。十人とか十五人でお経を唱えていて、お師匠さんが途中でぱっととめたとき、とめたあとの〇・二秒、いや、〇・一秒声が出ていても、お経全体のひびきを濁《にご》してしまう。だから〇・一秒、〇・二秒のことで、先輩からきびしく叱られるばあいもあるのです。

なにが正しくてなにがまちがっているのか、はじめはさっぱりわかりません。でも、三か月がたち、一年がたつころには、新米《しんまい》のわたしたちのお経もだんだんと落ちついてきます。そうすると、これが理想的なかたちなのだと理解できるようになる。最初は「なんでこんなこまかいことできびしく注意されるんだろう」「どうしてこんな小さなことで、三十分も一時間もこんこんと説教されなければならないんだろう」と、修行がはじまったばかりのお坊さんたちは思うときもありますけれども、長い時間がたってじぶんが先輩の立場に立てば、おなじように後輩に訓示することになるのです。

太鼓もきちんとひびかせなければいけません。太鼓を叩くといいますが、バンッと割れんばかりの太鼓は、勢いがあっても表面の革《かわ》を傷つけるので、早く破けてしまうのです。太鼓のバチも変なところが削れてしまって鋭角になってしまう。そういう太鼓の叩きかたをしているひとは、生きかたにおいても、他者に投げやりに接したり、ものにあたったりしがちです。反対に太鼓を軽く叩いているひとは、表面だけ、うわべだけの人間関係になる傾向も否定できません。

勤行《ごんぎょう》というものは、太鼓ひとつにしても、そのひとの人間性すべてが出てきます。数年もすると、遠くからきこえてくる太鼓の音や木魚《もくぎょ》の音で、だれが叩いているのかがまちがいなくわかるようになります。おなじ太鼓や木魚でも、ひとりひとりの味わいやひびきがちがうのです。

わたしがお世話になったお寺には、二年、四年、六年という修行の段階があり、六年以降もさらにお寺に残るひとは、特別な修行をするか、お寺に生涯お仕えするひとたちです。ただ、そういう修行僧のなかにも三つのタイプがありました。

修行をこころざすひとは、こころをひろく持ちたい、やさしさを表現できるようになって、すばらしい人生をきざんでいきたいと望むからこそ、頭を剃《そ》って修行をはじめるのです。お寺に入ればいいのではありません。その日そのときをどのようにきざんでいくかが大切です。

たとえれば、大学です。大学の四年間でしっかりと勉強したひとは、やがてつぎの人生がひらけてくるでしょう。ところが、大学には入ったけれど、あとはもう努力しないということになると、大学を卒業したあとの人生がひらけていかない。

修行僧もおなじです。第一に、修行に入ってどんどんじぶんの道を切りひらいていくひと。第二に、ただ修行期間をすごして、じぶんのお寺をつぐために帰っていくひと。第三は、こころがきちんと定まらずに人生をふみはずして、とんでもない方向に行くひと。いろんなひとを見てきたものです。

どんどんと人生がひろがっていくひとには、ふたつの特徴がありました。ひとつは、お師匠さんや先輩の言うことをよくきき、しっかりと守ることです。そのとき言われてわからなくとも、年数がたって、じぶんの人生経験をつみあげていくと、なにが正しいかは経験と照らしあわせればわかってきます。もうひとつは、先輩やお師匠さんから「ここはおかしい」と指摘されたことは、二度とおなじあやまちをくりかえさないことです。おなじことを先輩に言わせない。この二点が伸びていくひとの特徴かなと思います。

わたしたちがこの世に生をさずかったときが、人間としての修行のはじまりだといたしましょう。おとうさん、おかあさんの世話になって、やがて社会に出て、いま、ここにわたしたちがいます。じぶんの思いどおりにならない不自由な世界で、わたしたちは生かされています。ときには海の底に沈んでいきそうなくらいつらいこともあるでしょう。苦しいこともあるでしょう。

しかし人間は、じぶんの人生をどのようにも料理することができるのです。いわば人生をきざむ庖丁《ほうちょう》をあたえられているようなものです。「なぜ？　どうして？」と不満や愚痴《ぐち》ばかり言って、闇《やみ》のほうに人生をきざんでいけば、人生の修行の目的がなかなか見えてきません。どんなつらさもはねのけて、よき人生をきざんでいくという決意が大事です。もちろん人生にはさまざまな苦しさ、悲しさ、つらさ、きびしさが襲ってくるときがあります。それでもこころゆたかに生きていきたいと願って、歯を食いしばって、無理をしてでも明るいこころでいると、晴れない雨はないように、つらさ、苦しさもやがて晴れていくのです。

なぜ生きるのかというと、この修行をするために、神仏があたえてくれた人生です。生まれてからあの世に帰るまでのあいだ、こころをひろく持って、よい人生をきざんでいったときに、はじめておだやかなこころになって、すべてを感謝と受けとめて、あの世に旅立つことができる。これがひととして理想的な生きかたです。

陰陽ふたつがあわさって万物《ばんぶつ》が生成する。さずかった生命はすべて、遅かれ早かれあの世へ帰る。地球ができてから四十六億年といわれていますが、この地球ですら百億歳になったらなくなってしまうと科学者たちは言います。わたしちのからだがやがてあの世に帰るように、太陽も地球もなくなるというのです。そんな奇蹟のように存在する星のうえで、いまこの瞬間もわたしたちは呼吸をしています。

遺伝子学の村上和雄先生は、こうおっしゃっていました。

「塩沼さん、人間の子どもがお腹にいる十月十日というのは、四十数億年の人類の歴史をそのまま再現しているんですよ。たとえば、お腹に子どもが宿ったときに酒を飲んではダメ、煙草を呑んではダメと言うでしょ。お酒を飲む時間や酔っぱらっている時間がわずか三時間、四時間でも、子どもにとっては何千万年という時間、酔っぱらっていることになるんですよ」

まことにふしぎな話です。しかし子どもがお腹にいる十月十日が四十億年にあたるなら、三時間が一千万年にも一億年にもあたるのかもしれません。

その反対に、人生が五十年で終わろうと、長生きして百歳で亡くなろうと、地球の歴史どころか、人類の歴史から見ても大した誤差ではないというのです。

「先生、人間の一生なんて、まるでまばたきをしているようなものですね」

と、わたしが申しあげると、

「そうなんです」

と村上先生は答えられました。

ほんの一瞬のまばたきのようにはかない人生ではありますが、思いがけずも長い地球の歴史のひとこまにいあわせたこの奇蹟の瞬間に、わたしたちははたしてどのような生をきざんでいくのでしょうか。じぶんたちがきざんだ証《あかし》を過去と未来につないで、世の中がすべて丸くおさまって、仲よく手をとりあっていけるような、そんな社会をつくろうとひとりひとりが自覚したときに、きっともっといい世の中になるにちがいないと、こころのなかで信じています。

皐月……さつき

人生のプレゼント

…………五月二日

明治生まれのわたしの祖母が他界して何年になるでしょうか。祖母はけっしてひとの噂話をしないひとでした。じつはそれは死んだ祖父が祖母と交わした約束だったのです。「井戸のまわりで近所のひとたちがお茶飲み話をしていても、ぜったいお茶飲み話はするな」と言われて、その約束をしっかり守っていたのだと、あとから母にききました。お茶飲み話は、どうしてもひとの噂話《うわさばなし》になってしまいます。そして多くのひとは噂話に興味がありますし、ねたみや嫉妬《しっと》でついつい話が真実とちがう方向に行ってしまうことになります。

わたしが回峰行をしているときのことですが、山に行ってまた戻ってくる四十八キロの行程を終えて帰ってきたときに、行者に対して葛湯《くずゆ》をふるまうしきたりがある。夏の炎天下、一日中だれとも話もせず、もうほんとうにふらふらになって四十八キロ歩いてくる。疲れはて、汗だくで、すぐに衣《ころも》を着がえたいと思っているとき、葛湯がさしだされる。「どうぞ、亮潤さん」といって葛湯をもってきてくれるのはいいのだけれど、ききたくない話が耳から入ってくる。

「お寺であんなことがあった、こんなことがあった」

わたしは聞きたくないなあと思っていました。十六時間も歩きつづけて疲れきっているし、とても精神的にまいる。

噂話は、もちろんたんなる好奇心の発露《はつろ》のばあいもあるでしょうが、少なからず自己中心的な考えがふくまれていることもしばしばです。

おそらくはどんなひとでもしあわせになりたいという欲望や願望があって、その願望をかなえているようなひとが目の前にいると、こころの底に嫉妬やねたみが湧いてくる。それがそのひとにおもしろおかしく噂話を語らせる。

悲しいかな、たとえじぶんでは気がついていなくても、ねたみや嫉妬があるひとは、こころの闇にとらわれながら生きているのです。そんな負の感情からはなれて、執着なく生きていければいいのですが、なかなかそうはいかない。

しかし、そもそもしあわせとはなんでしょうか。

私はわりあいいつでもしあわせだと思えるタイプ、逆にいえば、じぶんを不幸だとは思わない性格です。

なんども本に書いたことですが、わたしにもきらいなひとがいました。きらいでできらいでしかたがなかった。ある日、なぜだかわかりませんが、「このひとがいたから、いまのこんなおだやかな心境になれたんだ」とふいに思って、こころから感謝の気持ちをおぼえた。その瞬間、わたしは人生でいちばんのこころのしあわせと安らぎを体験したのです。そののちさらに、毎日おなじことをくりかえす日常の生活のなかで、精いっぱいの努力をしていると、またいちだんとこころが深まっていきました。そうしてある日、もう一度そのしあわせを授かることになります。

いまはきらいでしかたがないというひとはいませんが、それでもいろんなちがいのあるひとびとが渾然一体《こんぜんいったい》となった社会で生活をさせていただいています。どうしても、

「あのひとはなぜ、こんなこころないことが言えるのか」

「どうしてみんなに迷惑をかけるようなことをするのか」

と思ってしまう瞬間はあります。怒りとか憎しみというのではありませんが、なんともいえないがっかりするような感覚が、瞬間的にですが湧きあがってくるときがあ

ります。

ある日、だれのアドバイスにも耳をかたむけず、まわりのひとが親切に話をしているときも上《うわ》の空《そら》で、べつの作業を平気でしているひとがいるときも、わたしはそんな悲しみをおぼえました。もっとこころをひらいて、こころゆたかに生きていけば、このひともほんとうのしあわせをつかめるかもしれないのに。

「ほんとうにかわいそうなひとだ。このひとにしあわせがおとずれますように」

わたしはこころからそう祈りました。

そのとき、わたしはお坊さんやっていてほんとうによかった、と涙が出てまいりました。

わたしたちはあたりまえのように生活しているようでいて、春夏秋冬、暑さも寒さもじぶんではどうすることもできません。あす天気になってほしいと思っても雨になり、しばらく日照《ひで》りがつづいたので雨がふってほしいと願っても雲ひとつない快晴だったりと、まったくじぶんの思いどおりにはなりません。まして他人のこころなんて、こちらの思うとおりになどけっして動いてはくれません。そんななにひとつままならない状況で、わたしたちは生き、修行をさせていただいている。

そうであれば大切なのは、環境がどうあれ、まわりのひとたちがどうあれ、どんな精神的な苦痛や苦労をあたえられても、それにとらわれることなく、じぶんじしんの道を淡々と歩いていくことです。それができるようなおだやかなこころになるために、朝、お天道さまがのぼってくるのかな、と思いました。

万が一みなさんに「うちのおかあちゃんはどうしてこんなことをするんだろう」「うちの主人はどうしてあんなことをするんだろう」と思うようなできごとがあったとき、しかし一日中それればかりにとらわれてはいけません。九九％がんばるぞと思っていても、たったの一％でもとらわれてしまっていたら、人生を一〇〇パーセントの力で前に進めることはできないからです。たった一％のとらわれによって、運とか縁がひろがらないばあいもあります。

だから、それはそれとしておいて、ひとをうらむことなく、憎むことなく、忘れて捨てて許して、じぶんの道を淡々と歩みましょう。なんでもないことにもよろこびを感じ、日々明るく、こころゆたかに人生をきざむことが、どんなにしあわせか。

あれが食べたい、指輪がほしい、あんな車に乗ってみたい。そんな小さなことにとらわれると、それがかなわぬとき、こころに影がさします。だれかに「こうしてほしい」と思っていると、そうしてくれないとき、すこしこころが鬱屈《うっくつ》します。たわいもないお茶飲み話で鬱屈を発憤《はっぷん》して、じぶんのこころを慰めても、なんら根本的な解決にはなりません。あたえられた環境のなかで、よい運をからだにまとうようなイメージで生きていきましょう。

ひとから言われたこと、されたことも、ほとけさまや神さまがじぶんの成長のためにあたえられた人生のプレゼントだと思いましょう。目の前のハードルをひとつひとつ乗りこえていけば、よい縁や、よい運といった、思いもよらないごほうびを、自然に、気がつかないうちに手にしているときがあります。

今晩、こころをこめておとうさんに料理を出してみると、思いがけないプレゼントをもらえるかもしれません。もしそういうことがあったばあいは、それはほとけさまからのごほうびだと思ってもいいでしょう。たとえ一生懸命がんばって、その結果がよくなくても、がっかりすることはありません。こつこつと根気よく人生をきざんでいくと、思いがけぬよいことが、やがておとずれるにちがいありません。たのしみがちょっと先にのびただけです。愚痴りたくても愚痴らず、功徳《くどく》を積みましょう。

それぞれが尊い

……五月九日

けわしい山中《さんちゅう》で回峰行の修行をしているときは、目をつりあげ、口を一文字《いちもんじ》にむすび、まことにきびしい形相《ぎょうそう》で、嵐や体調不良といった困難に立ちむかっていきます。むかしの武士のような勇敢な気持ちです。体調のいい日はほとんどありません。ただ、たまに感覚が麻痺《まひ》して、つらいのかつらくないのかわからなくなって、四十八キロどころか、その倍の百キロでも大丈夫、もう一往復いけるなと感じる日も、年に一回か二回ぐらいはあります。

そんな修行の日々でいちばん苦しいのは、からだの芯からちからがぬけていくときです。前に進もうと思ってもちからが入らない。なぜだかわからないけれども、吐き気がし、めまいがする。そんなときが千日のうちに何回かありました。おかしいな、おかしいな、と思いながら出発し、なんとか歯を食いしばって二キロほどよじのぼったところで、心臓がおかしいことに気がついた。苦しいというのでなく、心臓がまともに脈を打っていないのがわかったのです。そのままちからがぬけて、水分神社《みくまり》の石段に寄りかかるようにたおれて、もうどうしようもない。気を失いかけ、意識がなくなってしまいそうでした。その瞬間に「神さま、前に進ませてください」と祈りました。それから十五分か二十分ほどして意識をとりもどすと、「前に進まければ」と思いなおしてまた歩きだす。さっきまで心臓のぐあいがあんなに悪かったのに、いまはまたこうして歩いていることに、ふしぎな神仏の加護《かご》を感じたものです。

ある日のこと、プロゴルファーの石川遼《いしかわりょう》選手がすごいスコアを出したというニュースがありました。一ラウンド五十八打の世界記録だそうです。しかし石川選手は、その何日か前まで非常に調子が悪かった。そのとき石川選手のおとうさんがこう言った。

「守りに入ってはいけない。攻めの姿勢でいなければならない。そうしないと、おまえのファンはいなくなるぞ!」

たいへんきびしいひとことですね。

そして世界記録を出した日、最後のホールでもう一打攻めきれなかったのがくやしいと石川選手は言いました。世界記録をつくって優勝していながら、最後の一打がくやしいと言う、そこに石川選手の向上心があるのではないかと思ったのです。

わたしは東北高校の卒業生ですが、東北高校の先生がたがよく言うのは、

「藍《あい》はすばらしい」

藍というのは、女子ゴルフの宮里《みやざと》藍選手。東北高校はいろんなスポーツ選手を排出していますが、そのなかでも宮里選手は、高校のときからじつにすばらしい選手だったというのです。

宮里選手は沖縄の出身ですから高校時代は寮暮《りょうぐ》らしでした。いろんな事情があるのでしょうが、寮の食事は正直あんまりおいしくなかったのではないか、と先生がたは言われます。ほかの生徒がみんな不満を言うなか、宮里選手はおいしくないとかまずいとかひとことも言わず、いつもかならず完食して、寮の食堂のおばちゃんに「おばちゃん、美味《おい》しかった。ありがとう」と言いつづけた。宮里選手のロッカーには教科書が背の高いものから低いものへ、きれいな順番でならんでいて、いつも体操着《たいそうぎ》がきちんとたたんで置いてあった。

こういう宮里選手の行動は、三年間まったく変わることがなかった。もう卒業から

十年以上すぎていますけれども、いまだに先生がたはベタ誉《ぼ》めです。だれもがこの世に生まれ、そしてかならず死んでいきます。そのあいだに、この丸い地球でみなさまと一緒に生きるという修行をさせていただくわけです。

世の中にはスポットライトのあたるひともいれば、あたらないひともいる。しかし大事なのは、そんなことではない。

お釈迦さまが生まれてすぐに七歩歩いて、天と地を指さして、

「天上天下唯我独尊《てんじょうてんげゆいがどくそん》」

とおっしゃったというエピソードがあります。単純に考えれば「わたしただひとりが尊いのだ」という意味ですが、これはべつに「お釈迦さまだけが尊い」というのではありません。どんなひとであろうが、それぞれの場所で、それぞれの役割で、みなさんに光をあたえるために精いっぱい努力をしているひと、それが尊いということではないでしょうか。

世の中にはいろいろな役割がありますが、なにも宗教の勉強をしていない、信仰のことなんかなんにもわからないとしても、毎日まじめにこつこつと、ひとにやさしく、いつもにこにこ笑って生活するすがたこそが尊いのではなかろうか。

そう考えますと、有名とか無名とか、お金持ちだとか職業がどうとか、そんなことはどうでもよくて、わたしたちがこの一日一日をどう生きるか、それがいちばん大切なことにちがいないのです。

わたしも十九のときに縁あって師匠とめぐり会いました。はじめのころは些細なことにもじつに細かな訓示があり、叱られ、小言をちょうだいしながら、日常生活を送っていたわけです。歯を食いしばり、悶々としながら修行をしていた時期があります。しかし、いずれ行は終わります。あんなに長かった千日回峰行も、千日を終えればやがて日常に戻ってきて、里の行に入ります。そうしてある日あるとき、ふと「なるほど」と気づきます。

たとえば、春になって、先日わたしは畑を耕し、種を一粒一粒まきました。秋になると、作物が収穫されます。でも収穫されたばかりの野菜は、そのままだとすぐに腐ってしまう。そこに塩をふって石の重しをかけることで、おいしい漬物《つけもの》ができるのです。でも、いつまでも重しをかけていたのでは、おいしい漬物にはなりません。だから、いい塩梅《あんばい》のところでその石をとりのぞきます。

その重しの石とは、「自重《じちょう》せぇよ、自重せぇよ。きちんと正しく生きていけよ」と、おりにふれて訓示をしてくださった師匠ととらえることができます。わたしを育ててくれ、よい塩梅に漬物になったところで、じぶんじしんの役目を終えて、あの世に旅立っていかれました。

おかげさまで、いまはじめて、なんにもとらわれず、前を向いて歩いているじぶんじしんがおります。しかし、人生にはいつなんどき落とし穴があるかしれません。なににとらわれてしまうかわかりません。

生まれてから死ぬまですべてが、わたしたちの尊い行なのです。もう歩きたくないといってそこで立ちどまるか、苦しくても一歩前に進んでいくか。

本を読まなくても、講演をきかなくても、じつはだれでも理想の生きかたは、こころのなかで感じているのではないでしょうか。その理想をどう実践し、つらく、苦しく、悲しい思いをしながら、じぶんのものにしていくか。それが人生なのではないでしょうか。

水無月……………みなづき

……六月六日

ほとけさまが見ている

よく「自然体《しぜんたい》」ということばを耳にしますが、この「自然」ということばは、仏教読みだと「じねん」といいます。自然《じねん》というのは、好き勝手に生きるのではなく、理にかなって生きていくという、奥の深い生きかたのことです。わたしたちの人生も、自然に則した理にかなう生きかたをしたいものです。

一念発起《いちねんほっき》して夢にむかって進んでいくときというのは、おうおうにして肩にちからが入ってしまうものです。無知ゆえにまわりのひとに迷惑をかけたり、何度も失敗をくりかえしてようやく、じぶんじしんというひとりの人間の愚かさや尊さを知り、じぶんとむきあってくれたひとびとの大切さを知り、はじめて肩のちからが少しずつぬけて、おたがいを思いやる気持ちがめばえて、自然体で生きていくことができるようになる。これが一般の生活でも修行道場でも理想とするところでありましょう。

わたしも過去をふりかえれば、自然体で生きられない、そんな小僧時代を思いだします。人生の手本となるような教えをいただいても、つい、ひとからあたえられた精神的な苦痛に思い悩んでしまったり、どうでもいいことにとらわれて、本来のじぶんの道を自然のすがたで歩むことができず、寄り道をしてしまったり、遠まわりをしてしまう。そんな失敗を何十回、何百回、何千回とくりかえしてきたのです。

「修行道場は、たったひとりでは修行道場にならん」

そうお師匠さんがよく言っていました。

「最低でも三人そろってはじめて修行道場が成立する」

「いわゆる人間関係のなかで揉まれてひとは失敗をし、ひとに迷惑をかけ、また、かけられながら成長をしていくんだ」

十九のときにはじめて本山に入ったとき、お師匠さんがそうおっしゃったのを、いまでもよく思いだします。

修行道場というのは、ある意味、人生の学校みたいなところです。決められたことを決められたように実践する、ただそれだけのことです。それなのに、決められたことを決められたようにすることが、なかなかうまくいかないのです。みんなの見ているところではちゃんとやりますけれど、ひとりになってしまうと、手をぬいたり、さぼったり。ひとがもどってくると、また、額《ひたい》に汗をかいたようにして、がんばったりしてしまう。

いや、はじめはひとの目を気にしてがんばるのでもいいでしょう。しかし目標はあくまでも、ひとが見ていようが見ていまいが、おなじことをおなじようにさせていただくことです。なぜなら、ひとがいようといまいと、すべては天からほとけさまが見ておられるからです。ひとの目はごまかせても、ほとけさまの目は絶対にごまかせません。

もうひとつごまかせないのが、じぶんじしんのこころです。いつどこで手をぬいた、あのとき怠けた、そんなことは、じぶんのこころがよくわかっているはずです。

そのことを自覚すれば、最初はほとけさまを前にして、あるいは先輩やお師匠さんを前にして、胸をはって、大きな声ではきはきと、自信をもって生きることができなかったとしても、たくさん失敗をかさねながら乗りこえるうちに、山のなかにいようが、大自然のなかにいようが、たったひとりで、自然体で生きられるようになる。

これも大ぜいのなかで、塀にかこまれて規則正しい生活のなかで修行をつづけるという、たいへん初歩的な生活からはじまるのです。

たとえばみなさまがたも、慈眼寺の本堂に参拝されて、鐘を鳴らし、手をあわせて、また一メートルほど石畳を戻って、角を二回三回とまがって、この護摩堂の正面に来られたと思います。その短い道ゆきを歩くことひとつにおいても、三百六十五日、雨が降ろうが槍が降ろうが、体調が悪かろうが、いそいでいようが、「とり決めをたがえることなく、規則正しく、品格をもって歩きなさい」と指導されれば、そのとおりにさせていただく。それが一万里の道程であろうと妥協せずにやりつづける。その先にやがて見えてくるもの、自然に身についてくるものがあるのです。

さて、ここからは笑い話ですが、つい三、四日前、とても気持ちのいい朝を迎えました。空気がさわやかで、小鳥が調子よくさえずっている。いつもだと朝六時になると半鐘《はんしょう》が鳴り、修行僧が太鼓を叩く。その太鼓が鳴り終わると同時に、わたしがお堂に入ってお勤めをはじめる。それまでは部屋に控えているのですが、その日はあまりにもすがすがしかったので、わたしは庭に出て、小鳥の声をきき、山々を眺《なが》めながら池のまわりをまわって、本堂の前に来ました。

五時五十三分、本堂の扉がガラガラとあわただしい音を立ててひらき、バタンといきおいよく閉まりました。修行僧が蝋燭《ろうそく》と線香《せんこう》を点《つ》けて出てきたのです。

「おや、時間がないからいそいでいるんだな」

そう思ってみていますと、「ざっ、ざっ、ざっ」という石畳を歩く音が急に、「ジャリッ」「ジャリッ」という音に変わった。石畳のうえを歩かなければいけないのに、近道をしようと、ほんとうはとおってはいけないことになっている玉砂利《たまじゃり》を斜めにつっきっていたのです。

かれは庭にわたしがいるのを見て、ぎょっとしたような顔をしましたが、あまりにも初歩的なことですし、じぶんでよくわかっていると思うので、叱りもしません。結局すべてはじぶんじしんに返ってくることですし、ほとけさまはすべて見ておられる。わたしはふと、

「こんどの護摩のときの話のきっかけができる」

と、ほほえんでしまいました。

おかげでこうしてみなさまにわかりやすくお話をする材料ができたわけですから、とんだ怪我の功名です。ひょっとすると、かれはそのために、わざと玉砂利をつっきってくれたのかもしれません（笑）。

しかし、もしみなさまのおこないが、理にかなって、自然《じねん》におこなうという域に達しますと、たったひとりで山のなかにいようと、つねにじぶんじしんをかえりみる気持ちが出てきます。これが人生でいちばん大切なポイントなのです。

じぶんじしんがまちがった生きかたをしていると思うひとは、だれもいないと思います。わたしもかつてはそうでした。だから先輩から注意され、お師匠さんから注意されても、じぶんでわかるまでは心底すなおに反省することができず、こころのなかでいろいろ言いわけを考えてしまったときもあります。そうではなくて、だれに言われるのでなくとも、ひとの目がなくても、たったひとりで「いまのじぶんはどうか」とかえりみることが、日々の成長につながっていくのです。修行の目的はそこにあります。

人生の学校ともいえる修行道場の人間関係のなかで、はじめは他人の意見に耳をかたむけて真摯《しんし》に反省することを学び、やがてひとがどうであろうと、みずから反省し、じぶんが自然体で生きられるようになるために、教えられたように実践するのみです。そこまで至れば、ふと、さまざまなものに対する感謝の気持ちが自然にさずかります。つぎに、いろんなひとを思いやる気持ちが自然と出てきます。そのときそのひとはあたたかな空気につつまれ、それに触れたまたべつのひともおなじような気持ちに自然になっていく。それはとても地道な道程ですけれど、わたしたちの自然な生きかただと思います。

……六月二十日

しあわせの秘訣

わたしの知りあいに、むかしカナダのバンクーバーに住んでいたかたがいました。ある日のこと、そのかたの仕事場に巨大なトレーラーが、そこから四千キロもはなれたアメリカから荷物を運んできた。おじさんにはこころあたりがないので、伝票を見てあげたら、まったく反対方向のトロントへ運ばなければならない荷物を、まちがってバンクーバーまで持ってきたらしいことがわかった。つまりそこからまた四千キロ以上も行かなくてはならないことになる。とんでもない無駄足《むだあし》です。

おじさんは運転手が気の毒で一瞬ためらいましたが、言うしかない。

「残念だが、配達先をまちがっているよ。よく見てごらん」

そして伝票を見せて配達先の欄を示した。そうしたら運転手はヒューと口笛を吹いて、

「ノープロブレム。おれの人生はこんなものさ。気にすることはない」

そう軽く言ってトレーラーに乗って去っていった。そのときおじさんは、

「うわっ、これは日本人はかなわない！」

と思ったそうです。こんなこころの大きさ、ひろさのある日本人はそういるものではない、と。

そう言われると、こころの大きさやひろさは、努力しだいでどうにでもなるとお思いになるひともいるかもしれません。いや、じっさい、ある程度はそうかもしれません。しかし、わたしも夢や目標をかかげると達成するまでしつこい性格ですし、じぶんのこころの悪いところや変なところはじぶんでよくわかりますから、徹底的に矯《きょう》正《せい》しようと努力するタイプです。その結果よくわかったのは、持って生まれたじぶんの性格はなかなかなおらないということです。

そういう我の強さを芯の強さに変えるべく、あれこれ試行錯誤してきたのが、千日回峰行をふくむわたしの修行生活だったのですから、まちがいありません。わたしの修行生活をひとことでまとめると「失敗の連続」です。それでもそれなりの年数をへて、ようやくのこと、とてもおだやかで楽しい生活を送ることができるようになりま

した。いまは精神のバロメーターが非常に安定しています。それもこれもいろんな失敗をつみかさねて、どこがだめだったのか反省をくりかえして、じぶんの気持ちを上手に調整できるようになったからだと思います。そのしあわせの秘訣をいまからみなさんにお話ししたいと思うのです。

その基本は、「どんなひとでもきらわない」ということです。じぶんに縁があったいろいろなひとにどんなときでもいやな顔をせず、思いやりをもって接する努力をすることです。わたくしたちの人生は、どんなひとでもきらわず接することができるようになるための行であり、そのためにわたしたちは生まれてきたのではないかと思うくらいです。

人間はだれでもわがままです。しかも「あれが食べたい」「これがほしい」「こういう地位につきたい」といった欲望は、じぶんのこころを制御《せいぎょ》することでブレーキをかけることができるけれども、対人関係のばあい、複数のこころの組みあわせですので、じぶんだけでどうこうできるわけではありません。じぶんに感情があるだけでなく、相手にも感情がある。じぶんにも相手にもそれぞれ調子のよい日と悪い日がある。

だから、たとえば相手がけんか腰でものを言ってきたとき、こちらもけんか腰で応じたら、ほんとうのけんかへ一直線です。反対に「今日は調子が悪いんだろうな」「体調がすぐれないのかな」といった大きな気持ちで受け流すことができれば、あらそいを回避できます。

そのうえで、わたしが日常こころがけていることが三つあります。ひとつは、いつも笑うことをこころがけることです。どんなことがあっても大きな声で笑っていると、しぜんにじぶんにいい運勢が来るように思います。ふたつめは、ネガティヴな考えは絶対に持たないこと。そして最後は、よくじぶんをかえりみることです。一日二十四時間で、夜は寝ていますけれども、起きているあいだはつねにじぶんじしんをかえりみるようにする。そうすれば、だんだんじぶんのこころが改善されていくのです。

だれでもおだやかなこころになりたいと願っていますし、努力すればそれなりに大らかなこころを持つことができるでしょう。しかし、努力してもどうにもならないことが現実にはあります。たとえば、東京へ行きたいと思って東京へ車を走らせているとき、同時にやっぱり青森へ行きたいと思っても行けません。同時にどちらにも行くことは、どんなに努力しても不可能です。どちらかひとつを選ばなくてはならない。

それとおなじで、おだやかなこころで日常をすごすためには、なんらかの辛抱が必要です。一説に「辛抱」ということばは、「心」を「抱」と書く「心抱」から来たといわれています。大自然の理《ことわり》にかなった生きかたをしていると、ふしぎとよい縁がめぐってくるとはいえ、雨の日もあれば風の日もあるように、いいことばかりということはありえません。現在のわたしにも「こんなことがあるのか」とおどろくような、思いもかけないできごとが起こるときもあります。

そんなときわたしはこう思います。

「これはまた、いい行をいただいたな」と。

日常生活で精いっぱい努力しても、ときとして現実は非情です。そこで「じぶんには運がないんだ」とふさぎこんでしまっては、縁も運もひらきません。現実をすべて受け入れる気持ちが必要です。現実を受け入れるということは、じぶんの人生をあるがままに受け入れることです。たとえ悪い結果しか出なかったとしても、あるがままに受け入れることで、その悪い結果をみずからの人生の肥料とし、あるいは跳躍台として、つぎなる挑戦にそなえることができます。そう考えれば、どんな悪いことも未来の幸運の準備となり、人生で起きることはよいことだらけになります。

辛抱の先に、人生の根本にあるいちばん大切ななにかが見えてくるのです。じぶんの人生をひとと比較してはいけません。比較してはきりがありません。ひとをうらんでも、そのうらみや憎しみはやがてじぶんじしんにかえってきます。

いつもにこにこ笑い、ひとをきらわず生きていく、わたしの辛抱の土台をつくってくれたのは、おそらく母の教育でした。わたしがまだ一歳と数か月のころ、ある大きな会場で、おなじくらいの子どもが美味しそうなお菓子を食べていた。それをわたしが見ていると、母が耳もとで「ひとのものを見るんじゃないよ」と教えさとしてくれたことをいまでも忘れておりません。他人がどんなにおいしそうなものを食べていても、じぶんのぶんがなかったら我慢する。そうした子ども時代からの土台があったからこそ、その後の修行でひととして大切なことをひきだしてこられたのではないでしょうか。

この世の中は、ひとに迷惑をかけ、ひとに迷惑をかけられて、たがいに支えあって成り立っているものです。だから、ひととじぶんを比較せず、きらうことなく、うらむことなく、いつも笑ってすごしましょう。最後の最後には、そんなひとに福が訪れるにちがいないのです。

文月……ふみづき

七月四日

背中で教える

小僧のころから師匠の背中を見て修行をつんでまいりましたので、いまでも月二回の護摩を修法するときは、かならず師匠のことを思いだします。

師匠のいちばんの教育方針は、じぶんの背中で教えることでした。師匠の背中を見て、小僧たちがじぶんの修行にどう活かすかが、とても大事でした。修行道場に多くの修行僧があつまっていても、かならずしもすべての修行僧がおだやかな気持ちで日々修行生活にはげんでいけるとはかぎりません。ひとそれぞれに、いろんな思いや考えをもって人生をきざんでいます。その差を生むものはなんだろうと考えると、「相手に対して敬意を払う」というこころの有無が大きいように思います。

わたしの師匠は護摩の前にはかならず手を洗い、足袋《たび》を新しいものにかえてから、本堂に行って修法したものです。護摩が終わるとまた足袋を脱ぎ、日常で穿いている足袋にはきかえて生活する。法要《ほうよう》ではいた足袋は小僧がていねいにたたんで、お帰りになるときにお持ちいただく。

そういうくりかえしの日常のなかで、わたしが深く感じたのは、師匠がほとけさまに払っているたいへんな敬意です。日常の白い足袋を、護摩の法要の足袋にはきかえるのは、わずかでもよごれた足袋でほとけさまと相対することはできない、という誠意のあらわれです。

わたしはその師匠の背中を見て育ちましたので、護摩の前に足袋までぜんぶ換えてから臨みます。そして、こころのうちに一瞬の隙もないように、最初から最後まで精いっぱい修法させていただけるのも、師匠の思いをしっかり受けついでいるからです。

「将来おまえたちも、じぶんの寺に帰ったならば、ほとけさまには最高のものをおそなえしなさい。ただしじぶんのできる範囲で最高のものを使うこと。けっして背伸びしたり無理したりしてはいけない。じぶんのできるかぎりで最高のお線香や最高のおそなえものをおあげするように」

そのこころはなにかというと、じぶんの生活だけ贅沢《ぜいたく》をして、ほとけさまにおそなえするものをちゃんとしないのはよくないということなのです。

もちろん、ほとけさまだけではありません。ひとに対しても敬意をもって接することが大事です。

わたしが小僧になったとき、みんなの前で師匠が、「ええか、おまえたち、これだけは聞いておきなさい」と言われました。

「じぶんを大切にするように、ひとも大切にしなければいかん」

これを深く掘りさげるために修行生活があり、それにつづくいまの人生の修行があるのだと思うのです。

みなさまも、いろんな人間関係のなかで生活しておられることでしょう。目をさませば家族と顔をあわせ、会社へ行けば、上司、同僚、部下のひとびとと会話をする。道を歩いていてもすれちがうひとがおり、お店で買いものをするときの順番待ちの列の関係も、また人間関係のひとつです。

そして、みなさんひとりひとりにちがった立場や関係性がある。みなさんは父であり母であり、夫であり妻であり、子であり孫であるでしょう。友人、同僚、一度とおりすぎてしまえば二度と会わないという関係性もある。

どんな関わりあいのなかであっても、相手を敬うことをけっして忘れてはいけません。とりわけ目上のひとに対して敬意を払わなければなりません。目上のひとに敬意を払うのはとても大事です。師弟関係においては、師を敬う気持ちがなければ師弟関係がなりたちません。師に対して上からものを言ったり、対等にお話しすることなど考えられないことです。

わたしが小僧になったとき、同期でお寺に入った、わたしより十ほど年上のひとがいました。たまたま通りかかったときに、そのひとになにかいたらぬことがあってか、お師匠さんが注意をされていた。

「これは、きみ、どういうことや」

そのときそのひとは、お師匠さんに対して、

「ま、要するに……」

と言ってしまった。お坊さんの師弟関係は非常にきびしいものです。このひとことを発した瞬間からしばらくのあいだ、そのひとは師匠の近くに行くことができなくなりました。

目上のひとを敬う気持ちがあってはじめて、小僧のほうも朝「新聞をお持ちしました」と言えますし、師匠のほうも、「おお、ご苦労さん」と声をかけてやれる。おた

がいがそれぞれの立場をみとめながら、相手を敬う気持ちがあってこそ、人生を深く掘りさげられるのです。

しかし師弟関係において、「ま、要するに」と上から言ってしまったら、師匠から当然戒められます。人間というのはふしぎと、戒められるとこころをとざしてしまいます。こころをとざすと、どんどん人間関係が悪化する。これが修行道場で伸びない典型的なパターンです。

伸びるひとは、なんにも言われなくても、

「申しわけありませんでした！」

と、最大限の敬意を払い、善処《ぜんしょ》する。

「わたくしのどこがいけなかったんでしょうか。すぐになおさせていただきます」

と敬意をあらわす。これによって師弟関係のきずなが深まります。

みなさまの生活で言いますと、たとえば親子関係です。親と子が会話するときも、子どもが親に敬意を払うことによって、いい親子関係を築くことができるのではないでしょうか。しかし、子どもが目上の親に対して、ことばづかいが悪いと、親子関係がうまくいかない。夫婦でも、上司と部下でも、おなじことです。おたがいがおたがいを尊重することによって、はじめて人間関係は深く掘りさげられていく。

みなさまのなかにも、なぜわたしはこんな人生を歩んでいるんだろう、なぜこんな目に会わなくてはならないんだろう、と人間関係でお悩みのかたがいらっしゃると思います。そこでわたしの経験から、しあわせになるコツを伝授したいと思います。ふしぎなことに、いまのじぶんのこころの状態が、その悩みを発生させていることがあるのです。

じぶんが相対《あいたい》しているひとに「いやだな」「ちょっと不快だな」と思うことを言われたとします。そのときそれに反撥《はんぱつ》して、じぶんも強い態度をとって、一歩前に出てしまうと、人間関係がつまらない方向へ行ってしまう。相手がぐっと出てきたとき、こちらは一歩下がる、半身を引くと申しますか、うまく受け流すと、それでけんかにならなかったりするのです。

「親しき仲にも礼儀あり」と申しますが、どんなに親しくなっても、あまりなれあっては、いい関係がつづきません。ある垣根を越えてはいけない。その垣根とはいったいなにかといえば、「ひとを敬うこと」「相手を尊重すること」です。これが大事なのです。

ひとから尊敬されたい、よく思われたいという気持ちはだれにでもあります。しかし、じぶんが尊敬されたいならば、まずひとを尊重しなければならない。ひとを尊重し、ひとを思いやったときはじめて、相手から尊重されるような人生をきざむことができます。「どうしてわたしはこんなにダメなのか」「どうしてあのひとはなにもかもうまくいくのか」なんてことばかりに考えをめぐらしていると、人生はどんどん悪いほうにころがってしまいます。その原因はじつは、じぶんじしんが悩みにとらわれるあまり、人生の基本である敬意を忘れ、怠っているからかもしれないのです。

師弟のばあいには、その関係はまず他人どうしからはじまります。他人どうしというのは意外と克服しやすい。むずかしいのは、親子や夫婦の関係です。長いなれあいから緊張感がないばあいがあります。いまさら「尊敬しろ」「敬意を払え」と急にだんなさんが言ったとしても、これまでの関係のなかでの習慣もあるし、照れくささもあります。こころから尊敬できるようなことをしていないばあいは、むずかしいでしょう。

この人生の修行は山を何十キロも歩くくらい、いや、それ以上に困難なものかもしれません。なぜかというと、この修行には終わりがないのです。あの世に逝《い》くまでつづきます。もしかするとこの修行のためにわたしたちはこの世に生まれてきたのではないか、と思うくらいです。

こんなに多くのひとが地球上にいるのだから、わたしひとりくらいこころをとざしてもさして影響はないのではないかと思うかもしれませんが、それは大きなまちがいです。たとえば社員十人の会社で、たったひとりでもこころをとざしたひとがいると、そのひとから悪い雰囲気がただよってしまいます。十人のチームが、以前と同じようないいチームワークで、いい仕事ができなくなってしまいます。

家族でもそうです。家族のなかにひとりでもこころをとざしてしまうひとがいると、どうしてもいい雰囲気になれません。

二〇一〇年に南アフリカでサッカーのワールドカップがおこなわれたときのこと、これまで中心メンバーとして長年日本サッカー界をひっぱってきた中村俊輔《しゅんすけ》選手が、先発メンバーからはずされた。露骨に「冷遇」などとささやく声もあったようで、どう見てもふてくされてもいい状況であるのに、練習のときにはひとりでも大きな声をあげ、笑顔をたやさず、ほかの選手と一緒にご飯を食べたり、チームを盛りあげたといいます。それが日本チームが予選リーグを突破し、決勝トーナメントは一回戦、同点のままＰＫ戦で惜敗しますけれども、世界中のひとを感動させた、いいプレーにつながったのではないでしょうか。

チームが一丸《いちがん》となるためには、たったひとりがこころをとざしても、全体に大きな影響をあたえます。そうであれば、あすではなく、このあと家に帰ってからでもなく、いま、このときから、出会っているひととのやりとりのなかで、「相手を敬う」「敬意を払う」ということを実践していただきたい。そうすればそのひとから、思いもよらぬ春風のような調べが流れでて、まわりのひとびとをどんどんしあわせにしていくのではなかろうかと思います。世界中でそのことに気づいたひとから変わっていけば、この世界はもっともっとすばらしい世界になるでしょうが、これはなかなかむずかしい。

しかし「千里の道も一歩から」と申します。気づいた人から、あたえられた環境のなかで、精いっぱいの努力をきざんでいくことが、この社会をすこしでもよくしていく最良の近道だろうと思うのです。

七月十八日

とらわれを捨てる

ちょうど梅雨明《つゆあ》けをむかえました。この時分《じぶん》になると、わたしが千日回峰行を行じはじめて五年くらいたったころ、夏の平均気温が例年より二度ほども高く、すさまじい猛暑といわれた年のことを思いだします。雨がすくなくて山がからっからに乾いてしまい、水を補給する場所もまったくない。しかし体調がきびしいときには背に腹はかえられず、ふもとの神社の掃除用ドラム缶のなかにためてある錆《さ》びくさい水、そんな水をためらいなく飲みました。山のなかにも水を補給できる川はたった二本しかなく、しかも水量がなくてちろちろと流れている程度、おまけに動物たちも水を求めて来ますから、鹿のふん、猪のふん、虫も浮いている。それでも躊躇《ちゅうちょ》せず飲むしかありません。

そんな経験を何度もしたにもかかわらず、行が終わって十数年たって、先日「千日回峰行の最中に、もうこれ以上はダメだ、とあきらめかけたことはありませんでしたか」という質問を投げかけられたとき、二十三歳から九年間、山を歩いた記憶をつぶさにあらためてみましたが、「これでじぶんも終わりか」とか「千日回峰を満行できないかもしれない」といった不安が、ふしぎとまったく存在していなかったことに気づいたのです。

たしかにつらいこと、苦しいことは、たくさん体験した。けれども、まちがいなくじぶんは四十八キロを一千回、九年がかりで絶対になしとげると信じて、疑うこころがなく、いまこころの奥を覗《のぞ》いても、疑念のひとかけらもありませんでした。だから達成できたのかなと思います。

だれでも人生の岐路《きろ》に立たされるときがあるものです。ものすごく大きな仕事を担当したり、ヘッドハンティングで転職の誘いが来たり、思わぬアクシデントであすからの生活がまったくわからなくなったりする。そんなふうに、運命がどちらにころぶかわからないとき、「わたしはこちらの道を行く」と決める基準はなんでしょうか。

それは「じぶんの欲がいかにすくないか」だと思うのです。「邪心《じゃしん》がすくない」といってもいい。めぐりめぐってみんなのためになる、そういう選択をすれば、たいがいまちがいがない。

たとえば、ひとを踏み台にしても、じぶんの野心《やしん》を成就《じょうじゅ》させるという選択もあるかもしれません。しかし因果応報はこの世の摂理であるがゆえに、そのむくいは、やがてじぶんじしんに返ってきます。それならば、家族のため、みんなのための道を選んで、それを正しい道だとありったけのちからで信じれば、なにも迷うことはありません。どんな障害があろうと動ずることもありません。

結果を気にすることもありません。まわりが判断する結果なんてとるにとらないこと。重要なのは、天が最終的に判断をし、じぶんにあたえてくださる結果です。

ひとに運命というものがあるならば、苦難を乗りこえて、人間として成長するために、わたしたちはこの世に生を享《う》けたのです。つらいことも苦しいことも、そこを通過することが不可欠です。

わたしたちに必要なのは、その結果をよくても悪くても、真摯に受けとめ、じぶんの人生にぶれが生じないように、信念を持って淡々と歩んでいくことなのかもしれません。

若い修行僧のころは経験もすくないので、ものごとのとらえかたが浅く、まちがった判断をしてしまうときもあります。それを先輩なりお師匠さんが戒め、正しい方向を示してくださるから、お坊さんは行をつうじて人生を深めることができるのです。そこで得たものを、行を終えたあと、みなさまがたにわかりやすくおつたえさせていただくのがお坊さん、そして、神仏に仕えるひとみなのつとめです。

ふもとの生活で大事なのは、なによりもこころくばりです。六十すぎのお師匠さんに、十九の小僧が仕えるのです。仏教の教えをなにも知らず、般若心経すら知らないままに、頭を剃って、修行の第一歩がはじまります。

毎朝お師匠さんの読む新聞を、お師匠さんが見る順番にそろえて机のうえに置いておく。ただそれだけの仕事であっても、三百六十五日、十年、十五年と、一度のミスも犯すことなくつづけてはじめて、師匠からもみんなからも気くばりのできる人間だとみとめられるようになる。

新聞をお師匠さんの机に置くときも、ただ置くのでなく、よりお師匠さんの読みやすい場所を日々探って変化させていく。それをあたりまえのこととして、つねにくふうし、くりかえしていくのが日々の修行です。

出張に行けば、お師匠さんの車を運転させていただくことになります。八時間や十時間は平気で移動する。つぎの日の朝、からだの疲れもなんのその、早起きして、いつもお師匠さんが読む新聞を近くの駅まで買いに行き、後部座席の、お師匠さんが座るとなりに置いておく。じぶんのこづかいで買うのですが、お師匠さんから「ありがとう」とか「ようやったな」というお褒《ほ》めのことばはありません。お師匠さんは「ようやっとるな。しかし、どこまでつづくやろうか」と見ておられる。

うわべだけの思いやりや気くばりは、すぐ化《ば》けの皮がはがれます。五年、十年とつづけても、そこで気をぬいてしまえば、元《もと》の木阿弥《もくあみ》です。

これは、みなさまがたが家庭や職場の日常の生活でおこなっていることを徹底しているだけではありません。ただし、つらいことも苦しいことも、胸のうちにときおりうかぶ「なぜじぶんがこんな思いをしなければならないんだ」という嘆きもすべて受けとめて、呑《の》みこんで、日々の生活をきざむのです。

こうした修行をつづけるうちに、こころのなかに、すこしずつ変化がもたらされます。まずひとつ、とらわれのこころがなくなるという、修行のいちばん最初の入り口ができるようになる。

たとえいつも「じぶんとまわりのひとが慈しみにみちた生活ができますように」と

祈っていても、あるひとがたったひとこと、あなたのこころにぐさりと刺さることを言ったとしたら、それからあなたはそのひとのことが気になってしかたがなくなり、とらわれてしまうでしょう。

すこしだけとらわれているうちはいいのですが、それがいつしか、百のうちの五十、六十、七十とふえて、うらみや憎しみに変わっていくことが怖い。

それを避けるためには、どんなことを言われようが、どんな窮地に立たされようが、それがじぶんにあたえられた環境だと納得することです。そのひとに対する悪い感情や愚痴や不満をゼロにして、ひたすらに光あるその修行の真理の世界へむかっていく。これがとらわれのない心境であります。こう申しますと、

「お話はよくわかるんです。その場ではそのとおりだと思っても、家に帰っておとうちゃんの顔を見ると、やっぱり腹が立ってくるんです」

と、おっしゃるかたがいらっしゃる。

はじめはそうでもかまいません。だんだんと忘れること、捨てること、許すこと。それができたとき、はじめて人生のよろこびを得ることになるでしょう。

たったひとりでもとらわれているひとがいるあいだは、人生の楽しさをほんとうに

わかっているとはいえません。日本にいようが、アメリカにいようが、オーストラリアに行こうが、北極に行こうが、この地球上にいるかぎり、そのひとにとらわれている。それは真実のしあわせではありません。そのひとを忘れて、捨てて、許すことによって、ストレスがなくなるというのがこの世のしくみです。いつまでたってもストレスをかかえたままでは、不完全燃焼の人生をつづけることになります。

いまお話ししたことは、長い時間をかけなければ実践できないことだとは思います。話を聞いたり本を読んだりして気づいたとしても、頭のなかの知識だけではむずかしい。みずからの実生活のなかで、経験をかさねながら、ごじぶんの人生をほんとうにしあわせな人生にすこしずつ転換していっていただければ、すばらしいことだと思うのです。

葉月……はづき

八月二十九日

空っぽのこころ

お堂に入って、みなさまの護摩木《ごまぎ》やご祈祷《きとう》のお願いごとを読みあげていくとき、お坊さんをやっていてよかったと思える瞬間があります。本日もお礼のことばが書かれているのを拝見して、「ああ、ほんとうにお坊さんをやっていてよかった、またひとり、こころのしあわせを得たひとが増えた」と、たいへんなよろこびをおぼえました。

だれしも人生のなかで、さまざまな問題でなやみ、苦しみます。そんなときひとのこころは、まわりの人間へのうらみや、将来の不安、社会への不満、怒り、悲しみ、そんなこんなでいっぱいになっているばあいがあります。でも、ほんとうのこころのしあわせは、忘れて、捨てて、許しきったときにおとずれるのです。こころが空っぽになってはじめて、しあわせがあなたのなかに入る隙間ができるのです。まわりのひとを許し、不安や悲しみを忘れ、怒りや不満を捨てきることです。こうすれば胸のあたりがすうっと空っぽになって、ちょうど真空へとまわりの空気が押しよせてくるように、胸の空隙《くうげき》への目に見えない流れが生まれて、しあわせが運ばれてくることになります。ほしくてたまらなかったものを忘れたり、固執《こしつ》していたものを手ばなすことによって、思いもかけない大きなよろこびを得たりします。

わたしじしんが過去をふりかえってても、修行をはじめたころは、もちろんこころが空っぽになっておらず、いろいろな迷いや悩みが胸のなかでうごめいていました。修行のなかで、それらがひとつひとつ消えていって、最後にたったひとつ残った、どうしても馬があわないというか、しっくり来ないものを、わだかまりなく受けいれることができたとき、本心からわたしのこころは空っぽになって、それからはじめて、人生がいい方向へ運ばれるようになりました。

ただ、「こころが空っぽ」というのは、ほんとうになにもないというのとはすこしちがいます。だれしも目標とか、理想とする生きかたとか、夢があると思いますが、それはあっていいと思います。なにがなんでもじぶんがこれをなしとげるんだ、という強い意志を持つこころが失せてしまったのでは、努力することすらできません。しかし目標や夢にとらわれてばかりいては、肩にちからが入りすぎて、じぶんが人生の流れに運ばれているということを忘れてしまって、たとえばいそいで前へ進もうとボートのオールを漕《こ》いで疲れてしまったり、じっくり一歩一歩進んでいかなくてはならないのに、焦《あせ》って走りだしてころんでしまったりする。

うえを見ればきりがなく、歩けばなにかにぶつかります。さまざまなプレッシャーに押しつぶされそうになりながらも、こころを空っぽにして乗りこえれば、ひとつうえのつぎのステージへあがることができます。それからしばらくは平坦な道を歩いていけるけれども、またじぶんを成長させるための大きな試練がやってきます。そのときも、ひとをうらむことなく、憎むことなく、忘れて捨てて許しきることによって克服できたひとのみが、さらに一段うえのステージへとのぼることができ、おだやかなこころという頂点をめざして旅をつづけることができるのです。

だから、うえへ行くという意志は大事ですが、いまあるこのときの運という流れにむりやり逆らうのではなく、流れに運ばれるがままに自然体のじぶんをたもって、出会ったひとりひとりに対して、あるいは、お仕事のひとつひとつを、こころをこめてさせていただくことです。じぶんのことば、ふんいき、行動を大切にする。じぶんをつつんでくれる環境の空気感を汚さないように、清らかで澄んだものとしてたもつようにする。そんなこころがけをわたしたちは大事にしなければなりません。

先日海外にまいりまして、ある田舎町で深呼吸をしました。その空気をたいへんなつかしく感じました。田舎だから空気が澄んでいておいしいのですが、それだけではなく、いまから三十五年くらい前に日本の田舎に行って空気を吸ったときのなつかしいにおいがしたのです。息を吸って、からだのすみずみまで空気をとり入れ、また吐きだして、それをなんどもくりかえしていると、とても海外にいる気がしませんでした。

かつての日本には、こういう空気のある田舎がたくさんありました。いまじぶんが住んでいる仙台市の秋保《あきう》のお寺、秋保もけっこう田舎のほうですが、そんなにおいはまったく残っていません。いろんな日本の田舎街にもまいりますが、ほんとうの意味で、むかしなつかしい空気のにおいを感じる場所は少なくなっているような気がします。

家族のなかでたったひとりでも、いらいらした感情をおもてに出したり、ふんいきをからだにまとっていたら、家庭全体の空気やふんいきが悪くなるという体験は、みなさんかならずされていると思います。もしかするとこの日本は、大切ななにかを失ってしまったがゆえに、日本の空気はむかし嗅《か》いだなつかしいにおいを失ってしまったのかもしれません。

その国のひとびとはみんな顔がすっきりしていて、いまの日本で見かけるひとたちとは人生における価値観がちがうような気がしました。ぼろぼろの服を着て、サンダルを履いていても、みんな笑顔で、お金がなくてもがんばって、たすけあって、日々をすごしておりました。

日本に帰ってくると、やはり空気がちがいます。三十五年前くらいまではどこでも嗅ぐことができた素朴ですがすがしい田舎のにおい。失ったものをとり戻すために、こころを空っぽにするのです。相手を思いやるこころ、忘れて捨てて許すこころ、それによってほんとうのすがすがしい空気感がこの国にもまた戻ってくるのではないでしょうか。

長月……ながつき

足るを知る

……九月十二日

わたしも少し歳をとったせいか、近ごろは朝が早くて困っています。今日も朝の一時半に目がさめたので、ごそごそと本を読んだり考えごとをしたりしておりました。たまに「ちょっと疲れたな」と思って早く寝ても、一時半とか二時に目がさめてしまうのです。それで、夜おそくまで仕事をするよりも、一度寝て、朝早く起きて作業をしたほうがよいかもしれないと思い、いま生活を切りかえているところです。

朝から何を考えているかというと、少しまじめにきこえるかもしれませんが、どうやったらみなさんにもっとよろこんでもらえるような表現ができるかとか、どうしたらみなさんにしあわせになってもらえるかとか、そんなことです。ぼんやりと思いをめぐらしながら、むかしよりじぶんの考えがすこしは深まっただろうかと考えているだけで、あっというまに朝になります。

わたしのばあいいつも「しあわせだな」と思えるこころを授かっているのか、いつもしあわせを感じます。ですから「こころがいつまでも純粋でありますように」とだけ、毎日、朝夕のお勤めで祈っています。

「じぶんのこころが清らかで、おじいさんになっても、子どものような純粋な気持ちのままでいられますように」と。

そう祈って一日をスタートするのです。「しあわせだ」「人生がしあわせだ」と口癖のように言っています。

しかし、みんながみんなそうではないようです。つい先日、ある知りあいにたずねてみました。

「あなたの人生はしあわせですか?」

「うーん……」

と、そのかたは唸《うな》って首をかしげてしまいました。

こんなに人生って楽しいのに、このひとは幸せじゃないのかな、と思いましたが、ふと、わたしとそのひとでは価値観がちがうので、人生に求めているものもちがうのかもしれないと思いなおしました。求めているものがちがうなら、なにを人生のしあわせだと考えているのだろう、と興味もわきました。

もちろん価値観はひとそれぞれですから、みんなが一致する必要はないのです。ただ、もしそのひとの求めているものが、おいしい食べものだとか、自動車だとか、職業とか地位といったものであれば、おいしいものを食べても次の日にはもっとおいしいものを食べたくなるでしょうし、欲しいものが手に入っても、そのつぎの瞬間からべつの欲しいものが増えていきますから、いつまでたってもしあわせだと思えないで、不満をかかえたまま歳をとって、あの世に旅立つことになるのではなかろうか、と思ったのです。

いまあたえられた環境にこころから感謝を表現できること、じぶんじしんにあたえられた人生をしあわせだなと思うことのできるこころを授かることが、ほんとうのしあわせではなかろうかと思います。

みなさんにも「いましあわせですか?」とたずねたら、それぞれの答えがあると思います。しかし、あす目がさめて今日より不幸になっていたら、「きのうのほうがよかった」と思うかもしれません。ということは、じつは、今日しあわせなのではないでしょうか。

いまじぶんじしんにあたえられたこの環境がしあわせなのです。そう思えるこころを養うことがほんとうのしあわせなのです。人生にはいいときもあれば悪いときもありますが、それでも、どんなときでもいまがいちばんしあわせと思えるなら、こんなにしあわせなことはありません。

それでも現在のつらさや苦しみにこころが惑わされるなら、悲観的にとらえるのではなくて、これを克服することが成長の糧《かて》になると思えば、すこしはこころがかろやかになるはずです。じぶんのこころの成長を願って天におわします神仏があたえてくれたメッセージだ、と思うのです。これを乗りこえたら、一皮むけて大きくなったじぶんになれる。そう思って困難や苦労に感謝をすべきだと思います。

「いやだ、いやだ」と愚痴ってばかりいても、なにがどうなるわけでもありません。それなのに人間はつい、「じぶんはなんて不幸なんだ」「わたしはめぐまれていない」と、つい愚痴ってしまうものです。

しかし、いまのわたしって、ほんとうに不幸なのでしょうか。第三者から見ると、そのひとより不幸なひとはいくらでもいるものです。世界中を見まわせば、戦争であすのいのちもわからず、しかし懸命に生きているひと、飢饉《ききん》で今日食べるものがなにひとつないひと、そんなひとだってたくさんいます。

わたしがそう思えるようになったきっかけは、大自然のお山のなかのことでした。ある日、山を歩いているとき、ひどい嵐にあいました。たたきつけるような雨と、ふきすさぶ風にさらされて、からだがぶるぶるとふるえてとまりません。なにか食べないとからだがもたないと思って、かばんに手を入れると、おにぎりが入っていた。おにぎりを口に運ぶのもひと苦労です。寒さで手がふるえているうえに、雨がはげしく打ちつけるので、おにぎりがぼろぼろと砕《くだ》けていく。強引にかぶりつき、雨水と一緒にご飯を食べた。そのとき「なんてじぶんはしあわせなんだろう」という気持ちが、からだの真底から涙とともにわきあがってきたのです。

山のなかで嵐にあい、雨水と泥でびしゃびしゃのどろどろになって、凍《こご》えるような寒さにふるえながらご飯を食べているすがたは、ふつうに考えれば不幸そのものです。それなのに、そのときわたしの目からは涙があふれてとまりませんでした。

このご飯ひと粒も食べられないひとが世の中にどれほどいるだろうか。わたしは、お寺に帰ればあたたかいお風呂も用意されているし、屋根のあるところで、布団《ふとん》のうえで寝ることもできる。そう思ったとき、「ああ、ほんとうにじぶんはしあわせだ」

と涙があふれたのです。雨粒と涙とご飯粒を同時にすすって、じぶんがめぐまれているとことに、こころから感謝したことが忘れられません。

足ることを知る。あたえられた環境のなかで精いっぱい生かさせていただく。そういう気持ちが出てくることじたいがしあわせなのです。

欲望のおもむくままにいろんなものを求めていけば際限がありません。そうではなく、ひとつとしてなにがいちばん大切なのかを考えて、生きる目標を明確にし、そこに集中して迷うことがないように、人生をきざむことです。

一歩をふみだす

……九月二十六日

八月のはじめごろ、お寺の正面にある池に鷺《さぎ》が来たそうです。あいにくわたしは留守でしたが、その鷺がなかなか愛嬌《あいきょう》のある鳥だったようで、池のなかの鮒《ふな》を食べようとして、抜き足さし足で近づいていくと、池の底の石につまづいてこけてしまったり、水面《みなも》に映るじぶんのかげを餌《えさ》だと思ってつついたりしていたそうです。そのようすを見ていたお寺の職員が「とても滑稽《こっけい》でした」という話をきいて、ふと思ったことは、その鷺にしても、そのほかの動物や昆虫にしても、だれかが食事をつくってくれるわけではありません。生きていくためには、じぶんの食べるものはじぶんでとらなければならない。一生懸命だったでしょうに、ちょっと失敗したくらいで笑われるのは気の毒かな、ということでした。

そういえば、渡り鳥はほんとうにすごいということを、本を読んでいて知りました。

エベレストのような八千メートルを超える高い山でも越えていく。このお寺のまわりにも、毎年ツバメが来て、子づくりをして、また南のほうへ帰っていきます。いったん飛び立ったら、遠く離れた目的地まで、不倒の決意を持って飛びつづけなければなりません。生きていくとはそういうことです。

そんな鳥たちにくらべれば、わたしたち人間はすばらしくめぐまれた環境で生きていることを痛感します。感謝の気持ちを持たなければならないと、あらためて思うしだいです。

ちょっとまじめな話になりますが、わたしどもが修法いたします護摩も、一種の「祈り」ということになります。わたしはこの「祈り」というものを非常に大切に思っています。朝夕のお勤めもそうです。じぶんの生活のなかに祈りを持つことは非常に大事なことだと思います。護摩木にもみなさんのたくさんの願いが書かれています。

「もっとじぶんのこころが清らかになりますように」
「全世界のみんながしあわせになりますように」

そんな切実な願いを書いた護摩木もありますし、なかには、
「ロトシックスがあたりますように」

という護摩木もあったりします。

ほんとうにひとの祈りはさまざまですが、わたしは、いろんな祈りの護摩木があっていいと思うのです。こころおだやかなひとも、そうでないひとも、渾然一体となって地球上に存在することがとても大切だと思うのです。

ふとこちらをむけば、「おいしいものが食べたい」という願いがあり、むこうをむけば、「あそこにすごく欲しいものがある」という思いがある。どちらもじぶん中心の願いですけれど、こういう思いはだれでも持っていると思います。「世のため、ひとのために生きていかなければならない」という願いがあるかと思えば、おなじひとのこころのなかに「でも、うまいものを食べて寝ていたいなあ。そのほうが楽だし」という正反対の思いがあったりもする。欲望をかなえるために躍起《やっき》になっているじぶんがいるかと思えば、たまには「これじゃいけない」と反省して、「今日は暑いけれども、護摩に行ってみようかな。じぶんに気合いを入れるために行こう」というときもあるでしょう。

お坊さんのばあい、お寺にいて、塀にかこまれたなかで規則正しい生活を送ります。当然、じぶんのままにならない環境で生活しなければならないという初歩的な修行からはじまり、ほんとうにおだやかな心境にたどりつくまでのあいだは、おいしいものも食べたいし、欲望もみたしたくて、行きつ戻りつしている迷いの期間です。まわりの修行仲間ががんばっているなかで、じぶんもがんばらなければならないので、いやいやでも、歯を食いしばって進んでいくというひともいます。そんなひとたちと一緒に道をきわめていくのです。

もしかしたら「ロトシックスがあたりますように」と書かれたひとだって、ほんとうは「みんながしあわせでありますように」と書きたかったのかもしれません。

こうして欲望や怠惰や自己中心的な思いと、反省して前に進もうとする思いのあいだを行ったり来たりしている期間、これをたとえていえば、「川の期間」だと思うのです。川の期間には激流に翻弄《ほんろう》されて、ひっくりかえりそうになるときもあるでしょうし、川幅のせまいところにさしかかって、とおりぬけられずに、いろいろ試行錯誤することもあるでしょうけれど、いずれ大海原《おおうなばら》に行きつきます。川が尽きて突然、視界がぱっとひろがるように、それまでの懊悩《おうのう》がふっと嘘のように消え失せて、こころが晴れわたる感覚を感じるときが来るのです。

「ひとにやさしくするってこうだったんだ。ひとを許すってこういうことだったたんだ」

と、こころのなかで感じます。この感覚はことばでは説明できません。

いくら本を読んで知識を頭につめこんでも、わかるものではありません。自転車に乗れるようになったときに感じたよろこびや、泳げないひとが泳げるようになったときに「ああ、こういう感覚だったんだ」と理解できるように、

「ひとを許すとは、こんなにすばらしいことだったんだ」

「おだやかな気持ちになると、これだけひとにやさしくなれるんだ」

とわかるようになるのです。

それに対して川の期間というのは、せっかく授かった、この「人生」というすばらしい環境で生かされているのに、「なぜあのひとはこうなんだろう」「なんでこのひとはこうしてくれないんだろう」などと、ひとを責めたり、相手を変えようとしたり、とにかく無駄なことをしている期間です。こういう期間を乗りこえて、肩のちからがほどよくぬけて、自然に笑えるようになったとき、急にまわりのひとがやさしくなったように感じます。あるいは、

「よく考えてみれば、あのひとがわたしにあんな冷たいことばを言うのも、わたし

がはじめにあのひとにいやな顔をして、悪い印象をあたえていたからかもしれない」

そんなふうに、じぶんが引き金みたいなものをひいているのに、それに気づかずに相手を変えようとしていたことに気づきます。

そうなると、ほんとうに広いこころでものごとを考えることができるようになります。

そうした境地にいたるまでは、理想を追って清らかで純粋なこころで生きようと思っても、それまでの生活がなつかしくて、ついうしろをふりかえってしまうでしょう。でも渡り鳥だって、いったん飛びたったらうしろをふりむくことはできません。

西遊記でおなじみの三蔵法師・玄奘も、インドに行って、かならずお釈迦さまのすばらしい教えを持って帰ろうと堅く決意して、じぶんの故郷、唐の国のある東の方角をふりむかないという強い気持ちではじめの一歩をふみだしたからこそ成功したのです。

わたしたちがいるのは、天と地のはざまのゼロの地点です。なにもしなければ、あっというまにあの世に逝ってしまいます。あたえられたこの大切な時間です。ゼロから一歩ずつふみだして、だんだんと階段をのぼっていって、じぶんの人生はよかったなと思えるような、ほんとうの意味でのこころの平安としあわせを、みなさまにもすこしずつ感じていただけたらと思います。

神無月……かんなづき

大自然の法則

……十月三日

世の中には思いどおりにならないことがたくさんあります。もちろん、たまたまほしいものが手に入ったり、偶然願いがかなったり嬉しいこともありますが、そうでないほうが圧倒的に多いでしょう。願いがかなうか、かなわないかで、わたしたちは浮かれたり沈みこんだり、泣いたり笑ったりします。

しかし願いとひとくちに言っても、大きくふたつにわけられるように思います。じぶんじしんを中心にして、目先の単純な欲望にもとづく願いがあります。「こんなお菓子が食べたい」とか「あんな服が着たい」というような、日常だれにでもある気持ちです。しかしちょっとちがう願いもあります。それはみんなのために「こういう夢を叶えてみたい」「こういう人間になってみたい」という願いです。願いがかなうまでに努力が必要ですし、時間もかかります。ですからこれは、さきほどの単純な願いの反対側にあるような気がします。

技術を向上させたいという願いにしろ、こころを成長させたいという気持ちにしろ、みんなのためになにかしたいという気持ちというのは、個人的な欲の対象ではなく、向上心とでもいうべき方向にむかっていくものであります。

向上心ということで、わたしのいちばんのおもいではなにかと考えますと、子どものころ自転車に乗ることができたときの感動ではないでしょうか。わたしの家には自転車がなかったので、いとこの家に遊びに行って、いとこの自転車を借りて練習し、さんざんころんだあげく、小学校一年生のときにはじめて補助輪なしで乗る感覚をつかんだのです。それは仙台市の宮町という場所で、いまでもその感動がこころにはっきり残っています。

「自転車にどうやって乗れるようになったのか説明してください」とたずねられたとしても、理論でつたえ、それをきいたひとが練習しないですぐに乗れるようになることはないでしょう。じぶんのこころを成長させるのもおなじことで、ほんとうは、ことばでつたえられるものではありません。

ひとに対していつでも笑顔でいたいと願って、それができるようになったとき、

「いったいどうすればいつも笑顔でいられるんですか?」
「つらいことがあっても苦しいことがあっても、笑顔でいられるのはなぜですか?」
ときかれて、ことばで説明できたとしても、みなさんがすぐにできるとはかぎりません。二輪の自転車をまっすぐ走らせたいと思うなら、なんどもころんで、からだじゅう切り傷やすり傷まみれになりながら、だんだん感覚をおぼえなくてはならないようなものです。

いつもひとに対してやさしいことばをかけられるようになりたいと願っても、当然、できるときもあれば、できないときもあります。じぶんがやさしいことばをかけたら、相手からもやさしいことばがかえってくる、そんな関係でつつみこんでほしいと願っても、相手からはなにひとつかえってこないばあいもあります。それどころか、そのひとのことを親身に思って一生懸命がんばったのに、うしろ足で砂をかけられるようなことだってあるでしょう。

そんなときは、自転車に乗る練習でころんでけがをして血を流したように、こころが痛くつらいことでしょう。それでもそのひとを憎むことなく、うらむことなく、人生を大切にしていると、いつしかどんなひとに対してもやさしいことばをかけたり、笑顔でいられるようになるのではないでしょうか。

さいわいなことに、十人いれば、十人それぞれの人生があります。わたしにもわたしの人生がありました。たまたまご縁があり、お坊さんになりました。千日回峰行という行を行じてきました。四無行《しむぎょう》という行も行じました。

そんなわたしの修行人生の根底になにがあったのか考えてみますと、みなさんのためにお役に立てる、そんな人間になりたい、という気持ちがあったように思います。純粋といえば純粋ですが、同時に、とても子どもっぽくて幼い願いかもしれません。しかし、それがほんとうにわたしの大きな夢でした。

この大きな夢を胸にいだきつつ、それではどうしてわたしはここまでできたのだろうかと考えると、それはやはり親や祖父母がいてくれたからだと思うのです。

もしじぶんの親の人生のなかにひとつでもわたしが納得できないところがあったならば、いくら親だからといって偉そうなことを言ったとしても、「かあちゃんだってあのとき、ああいう状況でこういう判断をしたじゃない」と、こころのなかにわだかまりが残るものです。ところがわたしのばあい、一点の曇りもない。完璧なまでに親として子どもを育てる役目をはたしてくれたように思います。

「どんなひとに対してもいつも笑っていなさい」

「どんなひとに対してもやさしいことばをかけなさい」

例をあげればきりがありませんが、じぶんがあやまちを犯してしまったとき、たとえば、きついことばを投げかけてしまったり、相手が傷つくようなことをしてしまったとき、たとえきびしく叱られても、

「このひとに言われたらしようがない」

と、すなおに受け入れることができるのです。だからこそ、この親を悲しませるようなことだけはけっしてすまい、と、親の期待に応えようとする気持ちが芽生えてくるのです。

千日回峰行は難行でした。九日のあいだなにも飲まず、食べず、寝ず、横にならない四無行も難行でした。それでも気持ちで負けることなく、攻めの姿勢で行じることができたのは、親のすがたがつねにこころのなかにあったからだと思います。

胸のなかに大きな目標を持つこと、そして、しっかりした親がいてひととしての基本を幼少期からしっかりと学ぶこと、このふたつがあれば人間はどんどん成長していけるのだと思います。

みなさんもいろいろなひととと人間関係を築いていることでしょう。親子かもしれませんし、師弟かもしれません。そのときじぶんの子どもや弟子に、背中をとおして、しっかりとした生きざまを見せてあげることが、かれらにあたえるほんとうの財産ではないかと思います。

「うちには財産はない。でも、どんなときでもがんばっているこのかあちゃんのすがたが、この背中が、おまえに残してやれる財産だ」

母はむかしからそう言っていました。

「そんな財産はあまり相続したくないな」

と思っていたのに、どうもみごとに相続したようで、おかげでいまのじぶんがいるんだなと思います。あらためて感謝をいたしております。

わたしのいる慈眼寺は、最近「笑い寺」という噂が立っているようです。朝から晩まで、よく笑い声がきこえるからしいです。この寺には、わたしの母も、修行僧も、職員のかたがたも、みんなで生活していますけれども、朝からとにかく笑っています。お寺のむかいのかたたちも、「たえず笑い声がきこえてきますね」と言ってくださいます。

みんなたいへん仲がよくて、いつも冗談を言っていますけれど、ひとりひとりそれぞれに、思いどおりにならないこと、願いがかなわないことはあると思います。なあなあですませられないこともかならずあって、みんなで切磋琢磨《せっさたくま》しなければならないときもあります。それでもみんないつも笑っている。

でも、じつは、みんな目に見えない努力をしています。

人間関係はとても繊細《せんさい》で、何十年もかけて築きあげてきた絆もちょっとしたことでこわれてしまうものです。たとえば「言った」「言わない」の水かけ論、思いちがいやききちがいといった、ほんとうにつまらないことが原因だったりします。それはあまりにももったいない。

このあいだこんなことがありました。朝、お勤めが終わって、食事をいただこうと思って台所に入ったときのことでした。そこには母と親戚のおじがいたのですけれど、そのときひとりの職員のかたが、

「おはようございます」

と言ってお寺の玄関から入ってきました。

「今日は朝から下痢《げり》で、ははは……」

と笑って、すぐに戸をばたんと閉めて出ていった。私には「朝から下痢で……」ときこえたので、「今日は下痢らしいね」ともうひとりの職員に言ったのです。

「いや、『今日は元気です』って言われました」

と年輩の職員が言う。

べつにこだわるような問題でもなし、

「あ、そう？　じゃあ、おれのききちがいかな」

と、その場はおさまります。

三十分くらいして、またさきほどの職員がやってきたので、年輩の職員が訊《き》いた。

「今日は元気らしいね」

「いや、今日は朝から下痢で……」

そうはっきり言ったので、年輩の職員もはじめてわかった。

「阿闍梨《あじゃり》さまがきいたように、下痢だったんですね」

しかし、わたしはただ、

「ああ、そう」

とだけ軽く返事をしました。

目上や年配のひとに対して、どうでもいいことは言いはらない。これはたいへん大事だと思うのです。わたしがかたくなに「下痢だ。下痢だ」と言い張ったら、みんなの気分が悪くなります。ほんとうはわたしが正しくても、です。ましてや、わたしのほうが正しいことがわかって言いたてたら、相手の気分はもっと悪くなる。それこそ人間関係が下痢のようになってしまいます（笑）。

大した問題でないなら、一歩ひいておさまれば、それでいい。あとからじぶんの正しいことがわかれば、倍の信用を得るばあいもあります。夫婦であれ、友だちであれ、気づかいを忘れてはいけないのです。

とはいえ人間関係につきましては、わたしもいろいろ経験をしまして、そのむずかしさはよく知っているつもりです。三度三度のご飯が食べられて、あまりにもみちたりてしあわせすぎると、些細なことでもむきになって、あげくに喧嘩になったりして、人間関係にはよろしくないのではないかとすら感じます。

むかしは大黒柱《だいこくばしら》であるおとうさんがいて、おとうさんを中心として家族関係がむすばれていました。おとうさんをカバーするおかあさん、そして、両親を慕う子どもがいて、家庭のありかたがはっきりしていました。職場もそうでした。

お寺もむかしはいまよりも厳格な師弟関係があり、目上のひとを敬い、年輩のひとを尊敬し、目上のひとが「黒」と言ったら黒、「白」と言ったら白でした。わたしが小僧としてお寺に入ったときも言われたものです。

「お師匠さんが『右』と言ったら右なんだ。前回左と言っても、『右』と言ったら右なんだ」

ひどくアナクロにきこえるかもしれませんが、そこにはひとつ、いい教えがあると思っています。師匠にしたがうことで、じぶんのこころにある「我」がとれるということです。そうすれば、つまらないことにとらわれなくなります。どうでもいいことはどうでもいいのです。

もちろん、ひととしてまげてはいけないところはまげてはいけません。これはちゃんとした指導者であってこその話です。

たとえば、お師匠さんが小僧に酒でも飲んでこいと言うことはありません。お寺ですからけっしてまちがったことは教えない。ですから、ひたすらお師匠さんにしたがうなかで、じぶんじしんのこころを大きな目標にむけ、いつもひとに対して微笑んでいられるように、やさしいほとけさまのような存在になれるように、努力をつづけていくのです。

まずは些細なことにとらわれないこと、大きな目標を持つこと。そしてもうひとつ、みなさんそれぞれが影響をあたえることによって、相手のひとが変わるばあいもあるということをおぼえておいてほしいのです。相手を変えようとするのではなくて、まずじぶんじしんが変わったときに相手も変わってくれる。これは春夏秋冬がめぐりくるように、大自然の決まりごとのひとつです。そのなかでわたしたちは生かされているる。だから、わたしたちじしんが大自然の法則のごとくに生きていれば、だれでもしあわせになれるのです。

お師匠さん

……十月三十一日

毎年この季節になりますと、いつもなつかしく思いだすことがあります。

小僧のときのこと、年末になると、お師匠さんが京都にまいります。お正月にみなさまにおわたしする茶碗に字を書くために、京都の窯元《かまもと》へ行くのです。千個近くもありますからけっこうな重労働なのですが、わたしたち小僧としては、一年にいっぺん、だれがお師匠さんのおともとしてついていくか、とても楽しみでした。じぶんが選ばれたときは、すなおにうれしく思いますし、はずれたばあいは残念でもあります。

お師匠さんと京都へ行く楽しみはいくつかありますが、なによりもまず美味《おい》しいものが食べられることでした。窯元の社長さんが夜の料亭でお師匠さんをご接待してくれるのに、ご相伴《しょうばん》できるのです。

当時のわたしはまだ育ちざかりで、たくさんご飯を食べていたものですから、食事

が終わって、ホテルまで帰ってきて、

「お師匠さま、今日もお疲れさまでした」

と申しあげると、お師匠さんのがまぐちから五千円わたされて、

「きみは大食漢《たいしょくかん》やから足りんやろ。これでどっかで食べてこい」

と言われたものです。ただ、わたしは、そのままお金をもらってどこかで食べてくるのではなく、つぎの日に、

「きのうはありがとうございました。お気持ちだけいただきました」

と言って、お師匠さんにお返しするようにしていました。

また、お師匠さんは毎日、いくつもの新聞——日経と産経と読売と朝日——に目をとおしますので、朝早く起きて、お師匠さんが乗られる車の席のわきに置いたり、牛乳を飲まれるので、出張先でも牛乳をお部屋におとどけしたりしていました。

これらはべつに、こうしなければならないと先輩から教えられたものではなくて、思いやりの気持ちからわきあがるまごころとでもいいましょうか、お師匠さんにお仕えさせていただくのが、とても楽しかったり嬉しかったりしたからでした。

小僧には、十代とか二十代前半のやんちゃな子どもたちがいっぱい集まっています

ので、面とむかっては「お師匠さん」ですけれど、かげではみんな「親方」とか「ボス」とかいろいろ言っていました。けれどもそれは、いわば親しみの表現でありまして、お師匠さんへの敬意にゆるぎはありませんでした。

そんななつかしいおもいでをかえりみると、いつも思うことがあります。小僧としてお寺に入ったとき、まったくなにひとつわからないところから第一歩をふみだして、修行の旅がはじまります。しかも二歩、三歩と、すこしずつなかに入っていくごとに、わからないことが山のように出てきて、そのプレッシャーに押しつぶされそうになることがあるのです。

お寺のなかも一般の社会もおなじだと思います。若いころは、とにかく矛盾がいっぱいあるように思う。

先輩から「階段を掃《は》いてこい。手早くやれよ」と言われたので、いそいで階段を掃いたら、見まわりに来たおなじ先輩から「あそこも汚い」「ここも汚い」と叱られて、「もっとていねいにやれ」と言われたりします。手早く掃除していると、どうしてもはしばしに落ち葉が残ったりするからですが、それでも最初言われたことと、つぎに言われたことが百八十度ちがうと混乱します。はじめのころは気持ちの整理がつきません。

そんなことが日常茶飯事のように起きて、こころのなかに疑問がつみあがっていきます。きびしい仏道修行のほかに、そうした人間関係のもやもやが重なって、追いつめられたような状態になってくる。これでいったいどうやったら、おだやかなこころを得られるのか、と悩みに悩んだ記憶があります。

疑問と混乱と悩みがあふれるなかでも、お寺が支離滅裂《しりめつれつ》にならず、空中分解もせずに、なにごともなくひとつの方向へむかっていけるのか。これは現代社会ではあまりないことかもしれません。

ふつうの社会では多数決ということがあります。十人で会議をして方向性を決めるならば、七対三の多数決でA案を採用したりする。

お寺でもある程度、会議をひらいて方向性を話しあったりしますけれど、お師匠さんが突然「B」と言ったかと思えば、しばらくすると、まったく方向性のちがう「C」と言ってみたりする。

「親方こんなこと言っとったよ」

「え、さっきこんなこと言っとったのに?」

ときとしてわたしたちはみんなわけがわからなくなるのですが、それでもお師匠さんが「右」と言ったら「右」、「左」と言ったら「左」、というのは徹底しているのです。下座《げざ》のひとたちは、お師匠さんが決めたことには、

「そうさせていただきます」

といって、ぱっと方向転換する。

お師匠さんは「B」と言ってもいいし、「C」と言ってもいい。お師匠さんがどういう方向を考えていてもいいように、もし方向転換をしてもすぐ対応できるようにしておくのです。白か黒かといって議論したり対立したりせず、「さっきAって言ったのになんでBって言うの?」などと、それまでのいきさつをぐずぐずひきずらない。

これがお寺がうまくいく秘訣だろうと思っています。つまりは師匠に対する気持ちです。一般の会社ですと、社長に対する、あるいは、上司に対する気持ちということになるでしょう。

お師匠さんが出張に行くときに、「Aという衣《ころも》を持っていこう」と決めたとしても、Bの衣になってもいいように予備を用意しておく。実際に出張先に行ってみたとき、

「わしはAって言ったけれどもBやった」

ということになっても、

「大丈夫です。お師匠さま、こちらに用意してありますので、どうぞこちらを着用してください」

「おお、そうかそうか」

けっして口に出して誉めてもらえるわけではありませんが、「お、なかなかやるな」とこころのなかで思ってもらえます。それがつみかさなって、

「じゃあ、つぎの出張にはきみが行くか?」

と声がかかったりするのです。

そういう気くばりが足りなければ、お師匠さんから声がかかることはありませんから、美味しいものを食べる機会もすくなくなるわけです(笑)。

お寺の修行生活は一見矛盾にみちているかもしれませんけれども、小僧たちはみんなそれぞれ試行錯誤しながら、お師匠さんのためを思い、つらいときも苦しいときも、そのこころを忘れずにお仕えさせていただきます。

では、わたしたちをそんな気持ちにさせてくれたものはなにか、というと、やはりそのひとから出てくるふんいきであろうと思います。

「うん、なるほど、わかりました」

ひとがそう言って、言うことをきいてくれるためには、大切なものがあります。三つのポイントにまとめれば、まず慈悲のこころがなければならない。ひとが寄ってくるような人徳がなければならない。そして、そのときどきにおいてかならず筋《すじ》がとおった、理にかなった判断ができなければならない。この三つの徳をそなえているからこそ、「ああ、この人の言うことならきける」ということになって、すなおに頭をさげて「そうさせていただきます」とお答えする気持ちになるのです。

わたしの師匠はがみがみいうタイプではありませんでしたが、つねに背中で弟子たちに示していた。わたしたちはそれをお師匠さんから見よう見まねでぬすんで、こんどはじぶんが、お師匠さんがやっていたように表現をさせていただく。そこにいい師弟関係が生まれます。そして、その弟子がつぎに弟子をとって師匠になったとき、おなじような関係をつくれるようにするのです。

これを師子相伝《ししそうでん》といいますが、仏道だけでなく、料理にしろすべておなじことです。お師匠さんとおなじ材料を使っても、おなじ味になるまでには年数もかかります。涙の出るような体験なくしてお師匠さんの味を受けつぐこともできません。見よう見まねでぬすんで、そこからはじぶんじしんで、どんどん師匠の味に近づいていけるように努力する。その根本は、慈悲のこころ、人徳、つねに筋のとおった判断ができる能力、この三点です。

お師匠さんが毎年京都に行って字を書いていた千個もの茶碗ですが、

「お師匠さんが書いていたので、つぎはわたしに書かせていただけませんか」

とお願いしたら、

「塩沼さんだったらいいですよ」

とおっしゃっていただいて、いまではわたしが書かせていただいております。お師匠さんがやっていたことをさせていただいていることに深く感謝しています。お師匠さんがやっていたように、こんどはじぶんが表現する。むかしからの伝統があるものを、理にかなったとおりにじぶんが伝承し、それを表現していく。これはわたしがつぎの世代へのこせる財産のひとつかなと思います。

みなさまのご家庭でも、やはり背中で表現してほしいと思います。じぶんじしんの生きかたを、ことばではなくて、そのひとの存在そのもの、そのひとからにじみでているふんいきとして伝えていくことが、いちばん大切なことだと思っています。

霜月……しもつき

生きるよろこび

……十一月二十一日

最近は日を追うごと、一日をすごすごとに、しあわせの深みが増してきます。すこし前までは、つねにおだやかな気持ちでいられることがほんとうのしあわせだと思っておりましたが、さらにおだやかな気持ちが進み、感謝のこころが深くなってきますと、じぶんをとりまく環境のなかでいろんなひとに支えられているという実感がわきあがってくるときに、さらに大きなよろこびを感じるようになりました。修行僧やお寺の職員をはじめ、いろいろなひとに支えられているという気持ちが、わたしのよろこびを倍増してくれて、わたしは日々、しあわせの実感につつまれております。

過去をふりかえると、高校を卒業してお寺に入って、山を歩いたりお寺での生活をすごすうちに、一歩一歩のゆっくりした歩みですが、いろいろなわからないことがわかってきたり、納得できなかったことが納得できるようになったりしました。

千日回峰行で山を歩かせていただいた特別な期間は、わたしにとってはおそらく一種の大学だったのではないかと思います。しかし、大学を出ただけでだれでもすばらしい先生になれるとはかぎらないように、ある一定の期間お寺で修行させていただいたからといって、それから里に戻ってきても、かならずすばらしいお坊さんになれるとはかぎりません。どんな石でも磨けば光ります。しかし、生涯じぶんを磨く努力をしなければ、ほんとうにみんながみとめてくれるような輝きは出ないと思います。

修行のなかのあるひとこまが、なんどもなんども、こころのなかによみがえってきます。修行でつぎつぎと困難にぶちあたり、追いつめられ疲れはてて、気持ちもからだも極限状態にいるときに、山のなかに咲いているたった一輪の小さな花を見て、とてもこころを癒されたおもいでです。磨いた石にじぶんじしんがどう映っているだろうかと考えたときに、その花のごとくには映っていないだろうなと反省した記憶が、ありありとよみがえってくるのです。

だれでも右も左もわからないなかで人生がはじまって、一生懸命がんばるのだけれど、進めば進むほど迷路におちいって、「なんとかしなければ」「なんとかみんなのためにならなければ」と思うほど肩にちからが入って動きがとれず、泥沼であがきつづけるような時期があります。これは人生にとって当然必要な時期です。しかしひとりの人間としてふりかえったとき、わたしのあがきは、まわりのひとにとってははなはだ迷惑であって、いやな思いをたくさんさせたかもしれません。わたしひとりでがんばったつもりでいたけれども、じつは多くのひとの見えない支えがあったのです。

この時期をすぎると、嵐がすぎ去ったあとの海のごとくにおだやかな凪《なぎ》になって、自然体で肩にちからが入っていないことがいちばんいいとわかってきます。しかしむかしじぶんを支えてくれたひと、いまじぶんを支えてくれているひとへの感謝を忘れてはいけません。

世のため、ひとのため、これからの子どもたちのため、というひとは世の中にたくさんいますけれど、ことばで「世のため、ひとのため」というひとにかぎって、その隠れた本心では、まわりまわってじぶんの仕事のためであったり、売名行為のためになっていたりするばあいもあります。

そうではなく、まず基本は、わたしたちのまわりにいるひとびと、今日一日のなかで会うひとみんなに笑顔になってもらおうと願うことが大切です。いま置かれた環境のなかで、すべてのことに気をくばり、こころをくばりながらも、自然体で生きていく。そのような生きかたを、あたかも一輪の花のごとくさりげないすがたで実践できるようになれば、じぶんをとり巻く環境や基盤もおのずとしっかりし、いい匂いがじわじわとまわりにただよっていくように、身のまわりのひとに慕われたり心配されたりして、支えられていることが実感できる、そんなこころのしあわせが訪れるのではないでしょうか。

より多くを求めても、はるかな夢を追いつづけても、もがき苦しむだけです。今日一日のなかで出会う家族や職場のひとに元気になってもらいましょう。過去に学んできたことや修行で習ってきたことを、めくじらを立ててむりに相手に教えようとしなくても、背中でつたえることはできるものです。そのひとからおのずとにじみでてくるものによって、「ああ、このひとについて行きたいな。このひとのためになにかしたいな」と思ってもらえるのです。そう思ってくれるひとがひとりでも多くいることが、わたしたちひとりひとりがしあわせを実感できるときだろうと思います。

わたしのお師匠さんはたいへん人徳のあるかたでした。小僧としてお寺に入ったとき、お師匠さんのお茶の淹《い》れかたに感動して、お師匠さんの残したお茶をじぶんの茶碗に移して、飲んで、どうやったらお師匠さんのようなお茶を淹れられるのだろうと考えたものでした。残ったお茶をいただくとき、お師匠さんのお茶碗からほのかに香のかおりがするという、それくらいすばらしいお師匠さんでした。

そのお師匠さんのお師匠さんは、お師匠さんのお父さんでした。お師匠さんのお父さんは非常に人徳がすぐれていたので、わたしのお師匠さんは、ごじぶんの代になられたときは、つらく苦しい思いをされたときいています。先代が立派であるがゆえに二代目が苦しい思いをするのは世のつねです。「先代のお師匠さんの倍努力しても、先代とおなじくらいにしかみとめてもらえん。そんなもんだ」とお師匠さんごじしんも言っておられた。

しかし年数がたち、人生の一日一日をつみかさねていくうちに、お師匠さんを慕うひとがまわりに集まってまいります。

お坊さんも、じぶんをきわめる修行時代には余裕のない日々を送るわけですが、歯を食いしばってがんばって、なにかひとつわかるときが来る。「わかるときが来る」というとき、「わかる」のはいったいなにか。

「自然体でいよう。今日一日、目の前のひとに、じぶんのやさしさや、すなおなことばを投げかけて喜んでもらおう」

そういう自然体の動きや生活によって、大勢のひとがそのひとを慕うようになってくる。人間は、やさしいことばを投げかけると、やさしいことばが返ってきます。思いやりを会うひとひとりひとりにあたえていると、その思いやりがまためぐりめぐって戻ってくる。これがひととしてのほんとうの生きるよろこびだと思います。

わたしも山で修行しているときは、こころおだやかになりたいと思って、一生懸命がんばっていました。わたしのこころは、やがておだやかになりました。

しかし、ほんとうのよろこびは、けっしてじぶんひとりのものではありません。地位や権力にすりよってくるのでなく、いっさいの利害とは関係なしに「このひとのためになにかしてあげたい」というひとがたくさん出てきたときに、ほんとうのしあわせを感じるのだと思います。

……十一月二十八日

親友

ほんとうの親友といわれるひとには、人生で何回出会うことができるものでしょうか。友だちはたくさんいても、じぶんじしんをこころから思ってくれる親友は、もしいたとしても、おそらく数えるほどではないでしょうか。また、親友と出会うのは人生の宝ですが、そういう関係を長くつづけていくことができるでしょうか。もしできたら、それがほんとうの良縁というものだと思います。

「わたしは親友なんてものはいないと思う」

と、あるひとが言ったことがありました。小学校のころに、クラスの男の子ばかり依《え》怙《こ》贔《ひい》屓《き》をして可愛がる女の先生がいたそうです。女の子はみんな腹が立ってしかたがないので、話しあってひとつの申しあわせをしました。

「みんなで試験の答案用紙になにも書かずに提出しよう」

「そうだ、そうだ」

子どもたちの反抗です。試験のとき、そのかたはまじめに出席番号だけ書いて、答えをぜんぜん書かずに提出した。ところが、ふたをあけてみたら、ほかのみんなは答えもちゃんと書いていたのです。そのかただけが裏切られ、ばかを見てしまった。

「だから、ほんとうの親友なんていないないと思う」

そう言って笑っていました。

また、わたしはお坊さんですが、亡き師匠がよくこんなことを言っていた。

「坊さんのばあい、友だちなんていないと思え。おのれじしんが坊主としてどう生きていくか。友だちなんてつくって仲よくなりすぎて、おれ・おまえの関係になったら、いい坊さんではなくなるぞ」

そういう教えが胸にきざみこまれています。

先日、あるかたをお寺に招待したことがありました。いつのまにか仲よくなったかたなのですが、仕事のことや家庭のことですくなからず悩みありげなようすでしたので、なにかことばをかけてあげたいと思って、仙台にお呼びしてみたのです。

土曜日の夜、仕事を終えてからこちらにむかわれ、夜の九時くらいにお寺に着きました。それからふたりでお茶を飲みながらずっと話をしました。十二時をまわっても話がはずみ、午前一時、二時になっても終わりません。さすがにわたしもつぎの日の護摩をひかえてどうしようかという思いがちらと脳裡にひらめいたものの、結局そのまま三時になってしまったくらいです。

さて、翌日の護摩を終え、そのかたもいよいよお帰りになるという段になって、わたしは言いました。

「ひとこと申しあげていいですか?」

「どうぞ」

「××さんの話はとてもつまんない」

ふつうだったらとても失礼なことにちがいありません。しかし、わたしには本音でつたえたいことがありましたので、思わず発したことばでした。

「××さんの話はつまらないので、たとえば、この村に来たらおそらく生きていけませんよ」

「ぼくの人相が悪いからですか?」

「人相じゃありません。××さんはとてもすばらしい専門家で、その分野では世界的にもみとめられていらっしゃるかもしれませんが、ふつうのひとは専門的な話ばかりきいてもおもしろくないです。午前三時までお話をきかせていただきましたが、専門的な話ばっかりで、わたしにはちんぷんかんぷんでした。それはつまらないでしょう。

たとえばこの田舎のおじいちゃん、おばあちゃんに、そういう話をしてもみんなよろこばないいんじゃないでしょうか。専門的な分野をきわめるのも大事ですが、たわいもない話でみんなを笑わせ、よろこばせるほうが、もっと人生はすばらしいかもしれませんよ。××さんのところにはせっかくたくさんのかたが来てくれて、いろんなひとと知りあういいご縁があるのですから、専門知識を並べるだけではなくて、もっと幅をひろげてみたらいかがですか」

人生にはいろいろなことがあると思います。職場や家庭で、

「なんでみんながひとつになれないんだろう?」

「なんでみんな思いやりを持てないのかな?」

なんて、いろいろと悩み、愚痴ることがあるでしょう。

「なぜおれの言うことがきけないんだ!」

会社では部下に、ご家庭ではお子さんに、そう言って怒鳴《どな》ってしまうこともあるかもしれません。

「なぜわからないんだ!」

でも、そうやってじぶんの主義主張を押しつける前に、すこしじぶんを反省してもらいたい。そう言っているご本人は、はたしてどれだけ多くの人間から、こころから尊敬されているのでしょうか。あなたが尊敬されていれば、みんな言うことをきいてくれます。大事なところはそこです。

はなはだ失礼なことを申しあげた翌日、そのかたから連絡がありまして、

「こんな些細なことを変えるだけで、ほんとうにまわりの環境が変わるんですね。いくら理屈を言い、論理的に説明してもまったく変わらなかったのに、にこにこしているだけで環境が変わってしまった。ほんとうにしあわせです」

それをきいて、わたしもうれしくなりました。

「わざわざ東京から来てもらって、あなたの話はつまらない、なんて失礼なことを言うのはわたしくらいですね」

「いやいや、そんなことはないです」

と、そのかたは恐縮していましたけれど、言いにくいことをずばっと言いきってよかったと思いました。

じぶんじしんがまわりのひとにどう思われているか、どれだけ多くのひとに尊敬され、信頼されているか、みなさまもなかなか気づかないのではないでしょうか。だれしもいろいろ不平不満はあるでしょうけれど、そのときは、まずじぶんじしんをふりかえって、どれだけのひとに慕われているかを思いうかべて、もしその数がすくなければ、どうすれば慕ってもらえるか考える。そこを手はじめにされたらいいのではないかと思います。

そして、ほんとうに友人を思いやるなら、言いにくいことでも言いきってあげなくてはなりません。それが親友です。それで縁が切れるような関係であれば、ほんとうの親友ではなかったということです。なあなあで傷のなめあいをしているような関係だったらやめたほうがいい。師匠がむかし「友だちなんかいないと思え」と言ったのはこういうことだったのかな、と思いながら、しばらくすごしておりました。

師走……しわす

……十二月十九日

あるがままに

いつも前ばかり見て走っておりますので、うしろをふりむくことはあまりありませんが、午前中にふと考えごとをしていたら、奈良の吉野の行を終えて仙台で生活をはじめるとき、お師匠さんとした会話が頭のなかによみがえってきました。

「仙台に帰ります」

「がんばれよ。じぶんの意志でわしのもとをはなれて仙台に帰るんだから、本山から援助をしてあげることはできん。これまでの先輩たちにも、わしはなんの援助もしてやらなかった。これからはじぶんでご飯を食べていかなあかん。どこを見ても、大きな修行を行じて本山から出ていって成功したものはおらんが、きみならやれるやろう」

平成十二年、十二月の中旬のことでした。奈良から仙台へ荷物を運んできたものの、当然まだお寺もありませんので、駅の裏にある実家に帰ってきました。

　本山にいればお寺や師匠が守ってくれますが、ひとりでの宗教活動となりますと、衣食住すべてじぶんでなんとかしなければなりません。山で厳しい修行やむつかしい学問も勉強させていただきましたが、住職の経験などありません。世間のきびしさに、出るのはため息と涙ばかりでした。

　しかし人間、精いっぱい生きていると、なんだかわかりませんけれど、ふしぎなご加護があるもので、ひとことでいうなら、いろんなひとの縁に恵まれたと、つくづく思います。平成十四年にこの秋保《あきう》の荒れ野原にまいりまして、地鎮祭《じちんさい》をして、当時支援してくださった信者さんたちひとりひとりが、ご奉仕してくださって庭づくりをし、知りあいのかたから木をもらって本堂を建て、庫裡《くり》を建てていったのです。

　ほんとうにみんな前しか向いていませんでした。

「つぎはこうしよう。そのつぎはこうしよう」

　修行僧も職員さんも長靴《ながぐつ》を履《は》いて、夏は汗だくになり、冬は寒さをこらえてがんばりました。職人さんたちも精いっぱい尽くしてくださいました。

　本堂から南側の庭は、わたしたち素人と、奉仕で来てくださった造園屋さんが一緒につくったものです。ここから車で三十五分くらい、青根《あおね》温泉の手前に二十町歩《ちょうぶ》ほど山をもっている知りあいがおりまして、そのひとから土をもらって、わたしたちじしんでダンプを運転し、ここへ到着すると、みんなで集まって、スコップやら手やらで土をおろし、それから土のなかにあるゴミや木の根っこを一本一本ひっぱりだして、竹箒《たけぼうき》で絵を描いて、いまのような山のかたちができたのです。

そんなことを来る日も来る日もつづけていくと、いつのまにかどんどんとお寺が立派になってきたのです。

わたしが仙台に帰ってきた当時、九十歳くらいになる祖母が存命で、わたしも、修行僧も、みんな祖母と一緒に生活をしていました。しかしその後、救急車で運ばれてからは、入院生活がつづきました。

「左の肺はほとんど機能しておりません。片方の肺も、三分の一がもうだめです」と、お医者さんは診断しました。腎盂炎《じんうえん》も併発していて、からだが弱ってしまっていました。

「退院したらそんなに長生きできないと思いますよ。おばあちゃんは病院という安定した気温のところにいるから長生きできるんです。万が一お家に帰ってしまったら、どうなるかわかりません」

お医者さんはそう言いましたが、一生懸命みんなで前を向いて、いきおいよく突き進んでいる最中です。できるだけおばあちゃんにも一緒に生活をしてもらって、この雰囲気を感じてもらいたい、母もわたしもそう思っておりました。

しかし結局、一緒に暮らすことはできませんでした。

いろんな葛藤がありました。お寺の建立中《こんりゅうちゅう》は、母も体調が思わしくなく、おばあちゃんの面倒を見るのは無理でした。わたしはお寺の建立にかかりっきりです。しかもお寺ができあがると、いろんなところから法話や講演の依頼、原稿執筆の依頼が舞いこんでくるようになりました。予想もしていなかった事態です。

「はい、やらせていただきます」

来る仕事はけっしてお断りせず、人前で話もできないひとが話をし、文章も書いたことのない人間が文章を書いて、みなさまに迷惑をかけながら四年くらい走りつづけたでしょうか。ふと数えてみれば、多いときで年に六十回も日本全国あちらこちらへ出向いてお話をさせていただき、二年半で五冊の本を書きました。わたしだけではありません。わたしの留守や多忙時には、修行僧や職員の人たちが、みんなでちからをあわせて、お寺を守り、わたしを支えてくれたのです。

平成二十一年、祖母は九十九歳と九か月で冥土《めいど》に旅立ちました。

祖母が亡くなって一か月ほどたったころ、護摩堂の裏を散歩しているときに母がぽつりとつぶやきました。

「いまだったら、ばあちゃんのお世話を家ですることができたかもしれないね」

ばあちゃんにこうしてあげたかった、ああしてあげたかった。母もわたしも思いが尽きません。なにか大きな夢に向かって進んでいくときには、なにかが土台になってしまうのか、とも思いました。

わたしもそのあと四時間にもおよぶ歯の手術をすることになりましたし、修行僧や職員にも歯が欠けたり抜けたりするひとが多くて、みんなで歯の治療をすることになりました。みなさまに喜んでもらうためには歯を食いしばってがんばらなくてはいけないのだ。そんなことをふりかえりました。

けれどもその結果として、お護摩にしても、太鼓にしても、お勤めにしても、みなさまがたの前で、いつも胸を張って堂々としていられるわたしたちがいる。これは一貫して変わっていませんし、これからも変わらないところだと思っています。

新聞やテレビを見ていますと、いろんな事件や問題が目に入ってまいります。ほんとうはみなさんのお手本とならなければならない役職にたずさわるかたまでも、犯罪に手を染めて新聞に名前が載ったりする。人生をみちびくひとがこうではいけない。人生とはなにか。生きるとはなにか。

わたしは、そんなにむずかしく考える必要はないのではないかと思います。右と左とのバランスを考え、矛盾のさなかでどうしたらいいのかと迷い、まわりのひとを幸せにしようと頭を痛めることもあるかもしれません。けれどもじぶんが右の足と左の足を大地につけて歩いていくうえで、大事なことはただひとつ。清く正しくあればいい。ただそれだけではないでしょうか。

いかにじぶんがいま清く正しくあれるかのバロメーターは、神さまほとけさまの前で、じぶんじしんが胸を張って対話ができるどうかだと思います。

地位や名誉ばかり追い求めたり、よこしまな気持ちをもって生きていれば、神さまほとけさまの前で胸を張って、幼子《おさなご》のように自由奔放《じゆうほんぽう》にふるまうことができないでしょう。

じぶんじしんがいまここに生きている、そのすがたは、どんなに隠そうとしても隠しようがありません。天におわします神さまほとけさまは、わたしたちの一挙手一投足をすべてお見とおしです。わたしは神さまほとけさまの前で、いつなんどきでも胸が張れるような人間でありたい。そうすれば、何千人何万人の前にいても、胸を張ってニコニコ笑っていられるじぶんが出てくるのだと思います。

ひとと会話をするとき、ひとに笑顔を向けるとき、じぶんのこころを相手につたえるとき、正々堂々とすがすがしく、明るく、凛《りん》とした自分でいつづけられるように、いまこのときに、じぶんじしんの足を地につけて生きていく。それがいちばんじぶんの幸せにつながるのです。

清く正しく生きたくとも生きられない、という理屈はとおらないと思います。ただ清く正しくあるだけです。そこに運や時勢がからまって、ひととひととの縁がつながって、しあわせの輪がひろがっていくのでしょう。

ばあちゃんを思いだすときのように、過去をふりかえって、ああしたかった、こうなればよかった、という思いはこれからもあるでしょう。ひとはすべての望みをかなえることができるわけではないから、どうにもならないこともある。しかし、そのときそのときの決断によこしまな思いはひとかけらもなかったと、わたしは胸を張って言うことができます。そして、これからも欲を出さずに、あるがままに生きていきたい。

みなさまもじぶんじしんの人生です。ぜひ大切に、あるがままに、神仏の前でも胸を張っていられるよう生きていただきたいと思います。

人生は行

……十二月二十六日

ことしも最後の護摩になりました。もうすこしすると、あらたな年がはじまります。ことしも印象的な年でした。おなじ人生を歩むのならば楽しく生きなければならない、日々前むきに、明るく生きなければならないと実感できる年でした。

わたしたちは、からだはきちんと正座をし、ぴんと背すじをのばしていても、いつもこころはふわふわとどこかに飛んでいってしまいがちです。じぶんが持っていないものをひとが持っていると、じぶんもほしいと思います。ひとがしあわせに暮らしているとねたみも湧いてきます。ひとの人生とじぶんの人生をくらべて、「あのひとはどうしてあんな人生を送ることができるんだろう。うらやましい」という気持ちをいだいてしまいます。

そういう時期があるのはごくふつうのことです。ただ、人生を一段一段つみあげていくという目標を持ちながら、こころおだやかに生きていくためには、ねたみやうらみといった感情を、じぶんでひとつひとつおさめていかなくてはなりません。これがわれわれ人間に与えられた修行だと思います。欲のおもむくまま好き勝手に生きていたのでは、十年たっても二十年たっても、人生の手ごたえを実感し、よろこびながら生きていくことはむずかしい。

だれでもじぶんでは人生を精いっぱい生きているつもりなのに、なにかのぐあいでつい気をぬいてしまったり、こころくばりが足りなかったりすることがあります。そんなとき「ここはちょっとだめなんじゃない」と、ひとから指摘されるのは、たいへんにつらくて苦しいことです。

だからわたしは「ひとから指摘を受けるのはうれしいことだ」とプラスに考えるようにしています。

じぶんの悪いところは、じぶんではなかなか見えにくい。だから、じぶんでは気づかないまま、他者に悪い印象をあたえているかもしれません。ときには、じぶんの欠点にうすうす感づいてはいても、同時に、じぶんは精いっぱいがんばっていると思っているので、なかなか欠点をみとめられないこともあるでしょう。

ひとから指摘されれば「やっぱりここがまずかったのか」と気づきますが、反面、ひとからの指摘は胸をえぐられるような痛みをともないますので、感謝をもってすなおに前むきに受けとめるのはむずかしいことです。ひとこと言われただけで、そのひとをさかうらみしたり、よけいなお節介だと理不尽に反撥してしまう。だから意識的にプラスに考えるのです。

わたしはじぶんのこころが、天高く自由に飛びまわる鳥のように、もっと清らかに、もっと自由にならないといけないと思っていますから、じぶんじしんの気持ちをかえりみることが大好きです。一日の終わりには、今日はどういうところが悪かったを点検して反省し、もっとやさしさを表現し、みなさまのこころへつたえるにはどうしたらいいかなどと考えます。毎日が試行錯誤です。

先日、八十をこえたかたから一通の手紙をいただきました。

「今年も一年いろんなことがありました。どうしてじぶんがこういう思いに立たされなければならないのか、と思ったときもありました。しかし、すべてじぶんじしんの人生です。教えていただいた代受苦《だいじゅく》――代わりに受ける苦しみ――の精神で、ことしも乗りきりました」

八十になっても九十になっても、人生には予測もつかぬできごとや不条理《ふじょうり》が、つねにつきまとっているのだなあ――この手紙を読んだときに、つくづく感じました。

人生は、生きて生きて生きぬいて、その最後のひと息まで行なのです。どんなに歳をとっても、じぶんのこころを清らかに成長させていくのが、わたしたちのつとめです。そのことにあらためて気づかせていただきました。

たとえつらくて苦しいことがあろうとも、やまない雨のないように、いつかかならずいいことが訪れます。反対に、いいことばかりつづいていると、つぎの成長のための試練がやがて天から降ってくるにちがいなく、緊張感が増してきます。たいへんきびしい嵐のような行をいただくときもありますが、いつもどおり前をむいて、淡々と、一歩一歩、ひと呼吸ひと呼吸進んでいく。嵐がすぎれば春が訪れ、試練を乗りこえればいいことがあると、こころがわくわくするものです。

年が明ければまた一年がはじまります。来年のじぶんの人生がいっそう光りかがやくよう、目標を持って、明るく楽しく新年を迎える、そんな年越しにしたいと思います。いま耐えなければならないこと、いま辛抱しなければならないこともあるでしょう。しかし、まずはひと呼吸おいて、肩のちからをぬいて、年末の数日間にじぶんの生きかたをふりかえってみられたらいかがでしょうか。

著者
塩沼亮潤（しおぬま・りょうじゅん）
昭和43年、仙台市に生まれる。同61年、東北高校卒業。同62年、吉野山金峯山寺で出家得度。平成3年、大峯百日回峰行満行。同11年、金峯山寺1300年の歴史で2人目となる大峯千日回峰行満行。同12年、四無行満行。同18年、八千枚大護摩供満行。現在、仙台市秋保・慈眼寺住職。著書に、『人生生涯小僧のこころ』『人生の歩き方』『毎日が小さな修行』（以上、致知出版社）、『縁は苦となる苦は縁となる』（幻冬舎）、『〈修験〉のこころ』（共著）『忘れて捨てて許す生き方』『人生でいちばん大切な三つのことば』（以上、春秋社）他多数。

春夏秋冬〈自然〉に生きる

2017年7月25日　第1刷発行

著者——————塩沼亮潤
発行者—————澤畑吉和
発行所—————株式会社 **春秋社**
〒101-0021 東京都千代田区外神田2-18-6
電話 03-3255-9611
振替 00180-6-24861
http://www.shunjusha.co.jp/
印刷・製本———萩原印刷 株式会社
装丁——————中山デザイン事務所
カバー写真———上牧　佑

Printed in Japan, Shunjusha.
ISBN978-4-393-13409-2
定価はカバー等に表示してあります